Österreichische Festtagsbäckerei

Ein Haas Kochbuch bei Kremayr & Scheriau

ÖSTERREICHISCHE FESTTAGSBÄCKEREI

Rezepte von
Dietmar Fercher und Klaus Hanauer

Arrangement und Photographien
von Ernest Richter

Haas

Kremayr & Scheriau

Für die Ausstattung der Arrangements sorgten
dankenswerterweise nachstehende Firmen:
Ernst Wahliss, Wien; Porzellanhaus Thun-Hohenstein, Wien;
Albin Denk, Wien; Brigitta Rädler,
Erzeugung von handgefertigten Töpferwaren,
Stein bei Loipersdorf

Genehmigte Ausgabe für den Verlag Kremayr & Scheriau, Wien
Schutzumschlag: Rudolf Kasparek
(unter Verwendung zweier Photos von Ernest Richter)
Layout: Rudolf Kasparek
Lektorat: Ilse Walter
Druck und Bindung: Wiener Verlag, Himberg bei Wien
ISBN 3 218 00438 1

Wenn es Feste zu feiern gilt in unserem Land,
dürfen süße Köstlichkeiten auf der Tafel
nicht fehlen.
Und so begleiten sie uns, dem Jahrlauf folgend,
die Torten und Törtchen, die Kuchen und Rouladen,
die Kipferln und die Krapferln
der österreichischen Festtagsbäckerei,
von den Advent- und Weihnachtsspezialitäten über
das Silvester- und Faschingsgebäck, das Ostergebäck,
die Torten für den Muttertag und andere Familienfeste,
die Leckereien für das Sommerfest und das Gebäck
für die Einladung zu Kaffee und Tee bis zu
den Backgeheimnissen aus Großmutters Küche.

Ein Kochbuch für Naschkatzen und solche, die es
noch werden könnten.

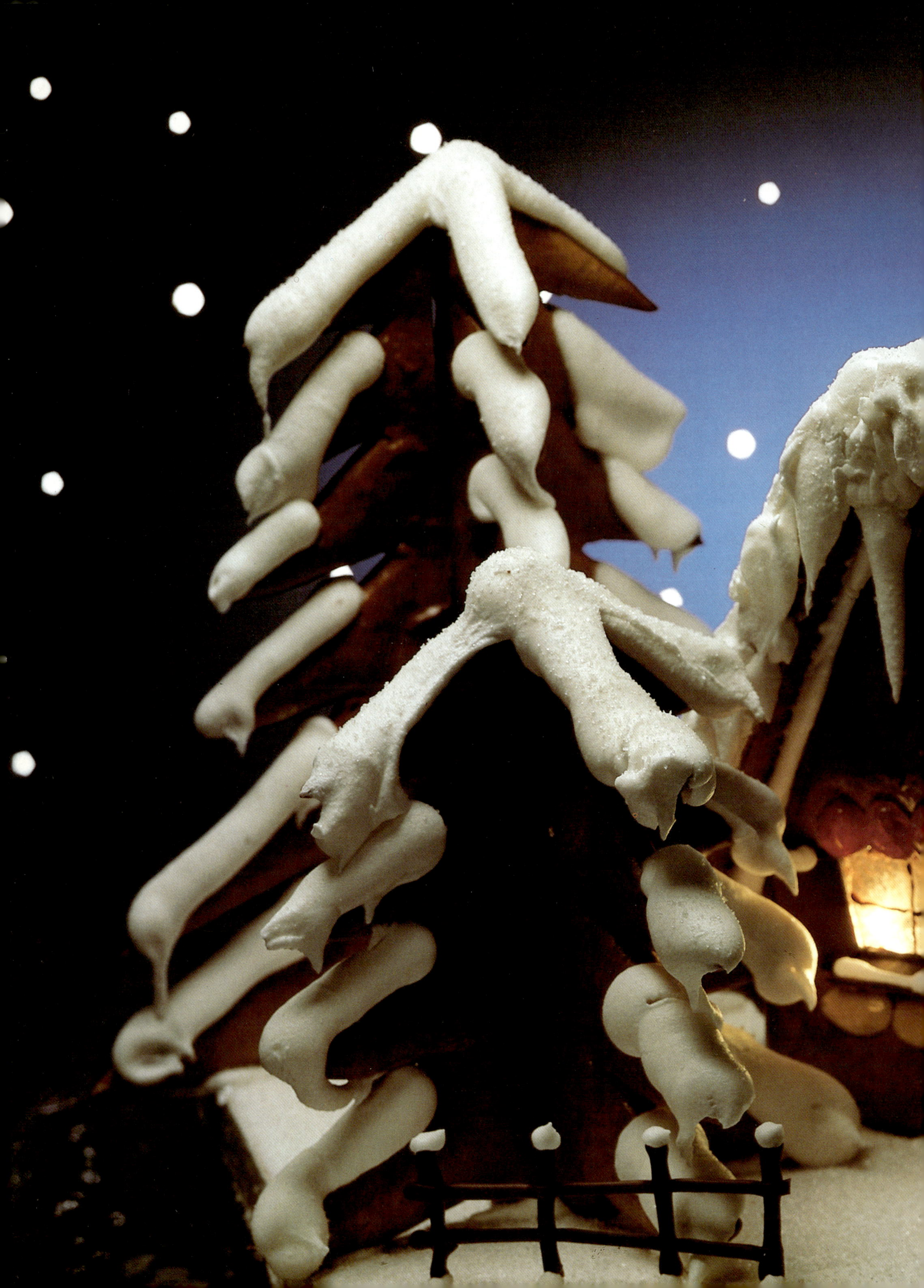

ADVENT- UND WEIHNACHTSSPEZIALITÄTEN

Dattel-Feigen-Kuchen

210 g Butter
90 g Staubzucker
1 Pkt. Haas-Vanillinzucker
Prise Salz
Schale einer halben Zitrone
5 Eidotter
5 Eiklar
90 g Feinkristallzucker
140 g getrocknete, entkernte Datteln
140 g getrocknete Feigen
220 g glattes Mehl
Staubzucker
½ Pkt. Haas-Vanillinzucker

Butter, Staubzucker und Geschmackszutaten schaumig rühren. Die Eidotter nach und nach dazugeben. Eiklar mit Kristallzucker zu Schnee schlagen, beide Massen mischen. Das Mehl und die grobgehackten Früchte einrühren und die Masse in eine mit Butter ausgepinselte und mit Mehl bestäubte Form füllen. Bei 170 Grad 1 Stunde backen.
Nach dem Backen den Kuchen sofort aus der Form stürzen, erkalten lassen und mit vanilliertem Staubzucker bestreuen.

Weihnachtliches Früchtebrot

150 g entkernte Dörrpflaumen
100 g Feigen
100 g Rosinen
50 g Zitronat
50 g Aranzini
50 g getrocknete, entkernte Datteln
50 g gehackte Mandeln
50 g gehackte Walnüsse
50 g Mehl
50 g Feinkristallzucker
10 g Germ
Prise Zimt
etwas Rum

BeugIteig:
250 g Mehl
½ Pkt. Germ
25 g Staubzucker
100 g Butter
1/16 l Milch
1 Eidotter
½ Pkt. Haas-Vanillinzucker
Prise Salz
Schale einer halben Zitrone

zum Bestreichen:
3 Eidotter

zum Belegen:
80 g Mandeln
100 g kandierte Kirschen

Die Früchte, soweit notwendig, vor dem Entkernen waschen, dann würfelig schneiden und mit Mehl, Germ, Zucker, Zimt, Mandeln, Nüssen und Rum zu einer festen Masse verarbeiten. Kalt stellen.
Für den Beuglteig wird das Mehl mit Germ, Zucker, Butter, Eidotter, den Geschmackszutaten und kalter Milch verarbeitet. Kalt stellen, nach einer halbstündigen Rastzeit ca. 2 mm stark ausrollen, in Rechtecke (ca. 12 x 8 cm) schneiden, mit einem kleinen Ziegel aus Früchtebrotmasse belegen, die Randseiten mit Eidotter bestreichen, einschlagen und mit dem Verschluß nach unten auf ein Backblech legen.
Mit Eidotter bestreichen und auf kühlem Platz trocknen lassen.
Nochmals mit Eidotter bestreichen und mit halbierten weißen Mandeln sowie kandierten Kirschen belegen. Trocknen lassen und bei ca. 170 Grad ca. 25 Minuten backen.

Das Rezept für das Lebkuchenhaus auf der vorhergehenden Doppelseite findet sich auf Seite 148

Früchtelebkuchen

160 g Honig
40 g Feinkristallzucker
200 g Mehl
40 g gehackte braune Mandeln
40 g geriebene Haselnüsse
80 g gehackte Aranzini
40 g gehacktes Zitronat
4 g Zimt
6 g Hirschhornsalz
etwas Milch
etwas Nelkenpulver
etwas Muskat, gerieben
Schale einer halben Zitrone
etwas Kirschwasser

Fülle:
150 g entkernte Dörrpflaumen
50 g Aranzini
50 g Zitronat
50 g gehackte braune Mandeln
100 g Rosinen
50 g getrocknete, entkernte Datteln
100 g getrocknete Feigen
50 g Walnüsse
3 Eßl. Slibowitz
etwas Zimt
etwas Nelkenpulver

zum Glasieren:
250 g Schokoladefettglasur

Den Honig mit dem Zucker erwärmen, das Hirschhornsalz in der Milch auflösen und mit allen Zutaten zu einem festen Teig verkneten. Den Teig an einem kühlen Platz 24 Stunden rasten lassen. Dann zu einem 20 × 30 cm großen, etwa 6 mm dicken Rechteck ausrollen und bei 180 Grad 20 Minuten backen.

Für die Fülle alle Zutaten etwas zerkleinern und mit dem Slibowitz so lange verkneten, bis eine glatte Bindung entsteht.

Den ausgekühlten Lebkuchen in zwei Hälften schneiden, auf eine Hälfte die Fülle auftragen, die zweite Lebkuchenhälfte darauflegen und fest anpressen. Danach 5 cm dicke Streifen schneiden und diese mit der erwärmten Schokoladefettglasur überziehen. Wenn die Glasur fest ist, ein Spritztütchen aus Butterbrotpapier mit Glasurmasse füllen und dünne Fäden über den Lebkuchen ziehen.

Lebkuchen-Baumbehang

600 g Mehl
450 g Honig
150 g Feinkristallzucker
50 g geriebene Haselnüsse
etwas Zimt
etwas Nelkenpulver
1 Eidotter
5 g Pottasche
3 g Hirschhornsalz
$\frac{1}{32}$ l Kirsch
Schale einer halben Zitrone
etwas Milch
halbierte Mandeln und kandierte Kirschen
Gummiarabikum (Drogerie)

Zucker mit etwas Wasser 5 Minuten kochen und mit dem erwärmten Honig verrühren, auskühlen lassen. Im lauwarmen Zustand mit den anderen Zutaten (ausgenommen Pottasche, Kirsch und Hirschhornsalz) vermengen und den Teig mindestens 14 Tage ruhen lassen. Dann die im Kirsch aufgelöste Pottasche und das Hirschhornsalz beigeben und den Teig 1 cm dick ausrollen. Formen ausstechen, mit Milch bestreichen, Mandeln und Kirschen auflegen und bei 180 Grad ca. 15 Minuten backen. Nach dem Backen gleich mit aufgelöstem Gummiarabikum bestreichen (Gummiarabikum mit Wasser verrühren, im Wasserbad langsam auflösen).

Adventtorte

130 g Butter
40 g Staubzucker
½ Pkt. Haas-Vanillinzucker
Schale einer halben Zitrone
Prise Salz
6 Eidotter
80 g Schokolade
6 Eiklar
160 g Feinkristallzucker
130 g Mehl
40 g geriebene Walnüsse

150 g passierte Ribiselmarmelade
100 g Milchschokolade
60 g geriebene, geröstete Haselnüsse

Dekor:
100 g Marzipan
50 g Schokolade
etwas Kakao
etwas weiße Spritzglasur (siehe Seite 22)
gelbe und rote Lebensmittelfarbe
Goldzuckerkugeln

Butter, Staubzucker und Geschmackszutaten schaumig rühren. Eidotter nach und nach dazugeben, erwärmte Schokolade kurz unterziehen. Eiklar und Zucker zu Schnee schlagen, in die Buttermasse einrühren, Mehl und geriebene Nüsse unterziehen. Masse in eine Tortenform füllen und bei 160 Grad ca. 1 Stunde backen. Auskühlen lassen.
Die Torte zweimal durchschneiden, mit Ribiselmarmelade füllen, Oberfläche und Seiten mit heißer Ribiselmarmelade einstreichen. Oberfläche mit Schokolade glasieren, die Seiten mit geriebenen, gerösteten Haselnüssen bestreuen.

Dekor:
Marzipan auf einer möglichst kalten Arbeitsfläche (Marmorplatte) dünn ausrollen, eine Scheibe ausstechen oder ausschneiden. Aus etwas gelb- bzw. rotgefärbtem Marzipan die Kerze formen.
Etwas Schokolade auflösen, ein wenig gesiebten Kakao dazurühren, bis die Masse spritzfähig ist. Die Schokolade in ein Papierstanitzel füllen und die Kerze ausfertigen. Die Marzipanscheibe an der Unterseite mit etwas Schokolade bestreichen, auf die Torte auflegen. Mit weißer Spritzglasur Bordüre und Sterne spritzen. Mit Goldzuckerkugeln garnieren.

Weihnachtlicher Nusskuchen

180 g Butter
40 g Staubzucker
4 Eidotter
1 Pkt. Haas-Vanillinzucker
Prise Salz
Schale einer halben Zitrone
4 Eiklar
100 g Feinkristallzucker
180 g Mehl
100 g gehackte Walnüsse

zum Glasieren:
100 g Marillenmarmelade
60 g Fondant (Zuckerglasur)

zum Belegen:
kandierte Kirschen und Zitronat

Butter, Staubzucker, Vanillinzucker, Salz und Zitronenschale schaumig rühren, Eidotter nach und nach beigeben.
Eiklar mit Zucker zu Schnee schlagen, beide Massen mischen, Mehl und Nüsse unterziehen.
Die Masse in eine gebutterte, gestaubte Backform füllen und bei 160 Grad ca. 1 Stunde backen, aus der Form stürzen, etwas auskühlen lassen, mit heißer Marillenmarmelade und Fondant bestreichen. Einige Sekunden zum Trocknen in das warme Rohr stellen, mit kandierten Früchten belegen.

Eisenbahner

Mürbteig:
300 g Mehl
150 g Butter
75 g Staubzucker
1 Pkt. Haas-Vanillinzucker

Makronenmasse:
150 g Rohmarzipan
25 g Staubzucker
15 g Butter
30 g Honig
1 Eiklar

400 g Himbeermarmelade

Für den Mürbteig alle Zutaten mischen und verkneten. Etwa 1 Stunde kalt stellen, dann zu einem Rechteck von 3 mm Dicke ausrollen, mit einer Gabel einstechen, bei ca. 200 Grad (ganz hell) backen und in ca. 4,5 cm breite Streifen schneiden.

Für die Makronenmasse alle Zutaten mischen und verkneten. So viel Eiklar dazugeben, bis eine dressierfähige Masse entstanden ist.

Auf die Hälfte der Mürbteigstreifen die Makronenmasse an beiden Seiten mit einer kleinen Sterntülle aufbringen, 1 Stunde trocknen lassen und bei sehr starker Hitze kurz überbacken. Die restlichen Streifen mit heißer Himbeermarmelade bestreichen, die überbackenen Streifen aufsetzen und die Zwischenräume mit heißer Marmelade ausgießen.
Auskühlen lassen und in 3 cm breite Schnitten schneiden.

Kleine Nusstörtchen

Mürbteig:
150 g Mehl
100 g Butter
50 g Staubzucker
½ Pkt. Haas-Vanillinzucker
1 Eidotter

Nußfülle:
1 dl Milch
60 g Feinkristallzucker
150 g geriebene Nüsse
2 dl Rum

Glasur:
100 g Marillenmarmelade
100 g Fondant (Zuckerglasur)
etwas Himbeersaft zum Färben

Pistazien

Für den Mürbteig alle Zutaten zu einem Teig kneten und ca. 1–2 Stunden kühl stellen. Den Teig ca. 2 mm dick ausrollen, mit einem runden Ausstecher Törtchen von etwa 3 cm Durchmesser ausstechen, auf ein Backblech setzen und bei 200 Grad rasch backen (nicht zu dunkel).

Für die Fülle die Milch und den Zucker aufkochen, die Nüsse dazugeben, kurz rösten, etwas auskühlen lassen. Den Rum hinzufügen.

Je zwei Törtchen mit der Fülle zusammensetzen. Die Oberfläche zuerst in heiße Marillenmarmelade, dann in rosa Fondant tauchen (Fondant wird durch Zugabe von Himbeersaft rosa gefärbt).
Die Törtchen mit Pistazien belegen.

Pistazien-Schokolade-Kipferln

150 g Butter
150 g Kochschokolade
200 g Staubzucker
200 g feingeriebene braune Mandeln

ca. 200 g Schokolade (Fettglasur oder Tunkmasse)
Pistazien oder Mandeln

Erweichte, aber möglichst kühle Schokolade mit Butter, Staubzucker und geriebenen Mandeln rasch zusammenkneten und 1–2 Stunden kalt stellen. Den Teig in 1 cm dicke Stränge rollen, in 4–5 cm lange Stücke schneiden und zu Kipferln formen. Auf ein befettetes Blech legen und bei 180–200 Grad backen. Auskühlen lassen und mit Schokolade glasieren (tunken), mit Pistazien oder geschälten, gehackten Mandeln bestreuen.

Glasierte Mohnschnitten

180 g Butter
40 g Staubzucker
½ Pkt. Haas-Vanillinzucker
6 Eidotter
6 Eiklar
140 g Feinkristallzucker
180 g geriebene Haselnüsse
180 g geriebener Mohn

etwas Himbeer- oder
Ribiselmarmelade
200 g Fondant

gehackte Nüsse oder Pistazien

Die Butter mit dem Staub- und Vanillinzucker schaumig rühren und nach und nach die Eidotter beifügen. Das Eiklar mit dem Kristallzucker zu Schnee schlagen und mit der Buttermasse mischen. Zum Schluß die Haselnüsse und den Mohn locker unterziehen.
Die Masse in eine ausgebutterte, mit Bröseln bestreute Rehrückenform füllen und bei 170 Grad ca. 50 Minuten backen. (Die Masse reicht für eine größere oder zwei kleinere Formen.)
Sofort aus der Form stürzen, mit heißer Himbeer- oder Ribiselmarmelade bestreichen und mit verdünntem, leicht warmem Fondant glasieren. (Die Fondantmasse wird mit einigen Tropfen Wasser verdünnt und im lauwarmen Wasserbad unter öfterem Rühren erwärmt.)
Eventuell mit gehackten Nüssen oder Pistazien bestreuen.

Gewürzkuchen

Schokoladebiskuitwürfel:
2 ganze Eier
70 g Feinkristallzucker
30 g Mehl
20 g Stärkemehl
15 g Kakao

1 Teel. Lebkuchengewürz
⅛ l Milch

320 g Butter
120 g Staubzucker
7 Eidotter
7 Eiklar
160 g Feinkristallzucker
340 g Mehl

Die Eier mit dem Zucker dickschaumig rühren. Mehl, Stärkemehl und Kakao versieben und unter die Eimasse mischen. Die Masse fingerdick auf Backtrennpapier oder Pergamin aufstreichen und bei 200 Grad ca. 8 Minuten backen. Auskühlen lassen und in 1 cm große Würfel schneiden, mit Milch und etwas Lebkuchengewürz leicht vermischen, die Würfel müssen dabei ganz bleiben.

Die Butter mit dem Staubzucker schaumig rühren, die Eidotter nach und nach beifügen. Das Eiklar mit Kristallzucker zu Schnee schlagen und mit der Buttermasse vermischen. Zum Schluß das Mehl und die Schokoladebiskuitwürfel unterziehen. Die Masse in eine ausgebutterte, mit Mehl bestaubte Backform füllen und bei 180 Grad ca. 1 Stunde backen. Nach dem Backen sofort aus der Form stürzen.

Maroni-Roulade

5 Eidotter
40 g Staubzucker
½ Pkt. Haas-Vanillinzucker
5 Eiklar
80 g Feinkristallzucker
80 g Mehl
80 g Nüsse
2 Eßl. Öl

Creme:
2 dl Milch
10 g Feinkristallzucker
20 g Haas-Puddingpulver Vanille
1 Eidotter
250 g Butter
50 g Staubzucker
150 g Maronipüree (Maronireis), tiefgekühlt
2–3 Eßl. Rum

Dotter mit Zucker und Vanillinzucker schaumig rühren, Eiklar mit restlichem Zucker zu Schnee schlagen, beide Massen mischen. Mehl und Nüsse untermischen, zum Schluß das Öl unterziehen.
Die Masse auf ein mit Backtrennpapier oder Pergamin belegtes Blech aufstreichen, im vorgeheizten Rohr (220 Grad) ca. 10 Minuten backen, mit Zucker bestreuen. Backtrennpapier auflegen, umdrehen, auskühlen lassen.

Für die Creme Puddingpulver mit ein wenig Milch und dem Eidotter glattrühren. Restliche Milch mit Zucker aufkochen, Pudding einrühren, kurz kochen, kalt stellen.
Butter mit Staubzucker schaumig rühren. Den Vanillepudding durch ein Sieb streichen und mit einrühren, zum Schluß den Rum und das Maronipüree hinzufügen.
Zwei Drittel der Creme auf die Roulade streichen, diese einrollen und kalt stellen (ca. 1 Stunde). Die restliche Creme in einen Dressiersack füllen und die Roulade damit verzieren.

Schokolade-Kirsch-Roulade

5 Eier
80 g Feinkristallzucker
½ Pkt. Haas-Vanillinzucker
Prise Salz
60 g Mehl
40 g Stärkemehl

Fülle:
2 Eidotter
1 Ei
½ Pkt. Haas-Vanillinzucker
Prise Salz
200 g Schokolade (Tunkmasse)
¼ l Obers

150 g Amarena-Kirschen oder Preiselbeermarmelade

Eier mit dem Zucker und den Geschmackszutaten schaumig rühren. Das Mehl mit Stärkemehl sieben, in die Eiermasse einrühren.
Ein Backblech mit Backtrennpapier oder Pergamin belegen, die Masse darauf verstreichen (ca. 40 x 50 cm). Im vorgewärmten Rohr (220 Grad) ca. 8–10 Minuten backen, mit Zucker bestreuen. Backtrennpapier auflegen, umdrehen, auskühlen lassen.

Für die Fülle die beiden Eidotter und das ganze Ei mit Vanillinzucker und Salz über Wasserdampf schlagen, dann vom Herd nehmen und weiterschlagen, bis die Masse erkaltet ist. Die aufgelöste Schokolade und etwas geschlagenes Obers dazugeben, glattrühren. Restliches Obers dazugeben und locker mit dem Schneebesen unterziehen.

Von der Biskuitroulade das obere Papier abziehen, die Creme aufstreichen, in der Mitte die Amarenakirschen einlegen oder die Preiselbeermarmelade einfüllen. Die Roulade in den Kühlschrank stellen und die Creme etwas stocken lassen. Einrollen.

Schmankerltorte

5 Eidotter
30 g Staubzucker
5 Eiklar
90 g Feinkristallzucker
70 g Mehl
60 g Stärkemehl

Creme:
200 g Butter
70 g Staubzucker
4 Eßl. Kirschwasser

Schmankerln:
60 g Butter
60 g Staubzucker
60 g Mehl
2 Eiklar
etwas Obers

Eidotter mit Zucker schaumig rühren, Eiklar mit restlichem Zucker zu Schnee schlagen, beide Massen mischen, Mehl und Stärkemehl dazugeben.
Auf gefettetem, mit Mehl bestäubtem Blech mittels Tortenreifen 5 Ringe markieren, Masse aufteilen, verstreichen, bei 220 Grad rasch backen, vom Blech lösen, auskühlen lassen.

Für die Creme Butter mit Zucker schaumig rühren, Kirschwasser hinzufügen. Die Biskuitböden mit Tortenreifen vorsichtig nachformen, mit Creme zusammensetzen, kalt stellen.
Mit der restlichen Creme bestreichen und mit Schmankerln dekorieren.

Für die Schmankerln die Butter schmelzen, mit Staubzucker, Mehl und Eiklar verrühren, nach Bedarf mit Obers verdünnen.
Die Masse dünn auf ein befettetes, mit Mehl bestäubtes Blech streichen, im vorgeheizten Rohr bei 220 Grad backen, sofort vom Blech lösen und brechen.

Topfen-Pfirsich-Roulade

6 Eidotter
90 g Staubzucker
4 Eiklar
80 g Mehl
1 Pkt. Haas-Vanillinzucker
Prise Salz

Creme:
150 g Topfen (10%)
3 Eßl. Joghurt
Saft und Schale einer halben Zitrone
5 Blatt Gelatine
2 Eiklar
60 g Staubzucker
1½ dl Obers

250 g abgetropfte, würfelig geschnittene Dosenpfirsiche

Eidotter mit einem Drittel des Zuckers und den Geschmackszutaten gut schaumig rühren. Eiklar mit restlichem Zucker zu Schnee schlagen. Beide Massen mischen, zum Schluß das Mehl vorsichtig darunterheben.
Ein Backblech mit Backtrennpapier oder Pergamin belegen, die Masse gleichmäßig aufstreichen, im vorgeheizten Rohr bei 220 Grad backen, mit Zucker bestreuen. Backtrennpapier auflegen, umdrehen, auskühlen lassen.

Für die Creme Topfen, Joghurt, Zitronenschale und Saft glattrühren. Gelatine in kaltem Wasser einweichen, ausdrücken und vorsichtig erwärmen. Eiklar mit Zucker zu Schnee schlagen.
Die Gelatine fest in die Grundcreme einrühren, Schnee und geschlagenes Obers dazugeben und locker unterziehen.

Das obere Backtrennpapier vom Biskuit abziehen, die Creme aufstreichen, die Pfirsichstücke gleichmäßig verteilen, kalt stellen, die Creme etwas stocken lassen. Die Roulade einrollen, von neuem kalt stellen, vor dem Servieren mit Zucker bestreuen und aufschneiden.

Kaffee-Pflaumen-Torte

Biskuitmasse:
3 Eier
80 g Staubzucker
80 g Mehl
1 Pkt. Haas-Vanillinzucker

100 g Dörrpflaumen
⅛ l Wasser
20 g Feinkristallzucker
3 Eßl. Weinbrand

Kaffeecreme:
1½ dl Milch
60 g Zucker
4 Blatt Gelatine
3 dl Obers
etwas Nescafé
2 Eßl. Weinbrand

Dekor:
50 g geröstete, geriebene Nüsse

Die Eidotter mit einem Drittel des mit Vanillinzucker vermengten Staubzuckers schaumig rühren. Das Eiklar mit dem restlichen Zucker zu Schnee schlagen, beide Massen mischen und das Mehl unterziehen.
Auf Backtrennpapier oder Pergamin mit einem Tortenreifen 2 Ringe (23 cm Durchmesser) markieren und die Masse mit einem Dressiersack spiralförmig aufbringen. Bei 200 Grad ca. 10 Minuten backen.

Das Wasser mit dem Zucker aufkochen, die Dörrpflaumen und den Weinbrand dazugeben und ein paar Stunden stehen lassen. Vor dem Verarbeiten die Pflaumen auf ein Sieb legen, damit sie etwas abtrocknen.

Für die Kaffeecreme Milch, Zucker und Nescafé aufkochen, die Gelatine in kaltem Wasser einweichen, ausdrücken, in den heißen Kaffee geben und verrühren. Das Ganze kalt stellen, bis es leicht zu sulzen beginnt. Ein Drittel des geschlagenen Obers einrühren, das restliche Obers hinzufügen und locker unterziehen.
Einen der beiden Biskuitböden mit einem Tortenreifen umgeben, die Kaffeecreme einfüllen, die abgetropften Dörrpflaumen darüberlegen und leicht in die Creme einsinken lassen. Den zweiten Biskuitboden auflegen und die Torte kalt stellen (ca. 3–4 Stunden).
Die Torte aus dem Reifen lösen, mit geschlagenem Obers bestreichen und mit grobgeriebenen, gerösteten Nüssen bestreuen.

Weihnachtstorte

130 g Butter
100 g Staubzucker
6 Eidotter
130 g erwärmte Schokolade
6 Eiklar
120 g Feinkristallzucker
130 g Mehl

200 g Marillenmarmelade
300 g Schokoladefettglasur

Dekor:
250 g Rohmarzipan
200 g Staubzucker (Puderzucker)
etwas Kartoffelsirup (Fachhandel)
grüne und rote Lebensmittelfarbe

Spritzglasur:
1 Eiklar
150 g Staubzucker
Saft einer halben Zitrone
gelbe Lebensmittelfarbe

Die Butter mit dem Staubzucker schaumig rühren, nach und nach die Eidotter dazugeben und zum Schluß die aufgelöste Schokolade einrühren. Das Eiklar mit dem Kristallzucker zu Schnee schlagen und in die Buttermasse einrühren, anschließend das Mehl unterziehen.
Die Masse in eine Tortenform füllen und bei 170 Grad ca. 1 Stunde backen. Auskühlen lassen, in der Mitte durchschneiden und mit Marillenmarmelade füllen. Die restliche Marmelade aufkochen und über die Torte streichen. Anschließend die Torte mit der aufgelösten Schokoladeglasur überziehen. Fest werden lassen und mit Marzipan dekorieren.

Dekor:
Rohmarzipan mit Zucker auf einer möglichst kalten Arbeitsfläche (Marmor) mit Staubzucker (ideal: Puderzucker) kurz durchkneten. Besonders glatten Marzipan gewinnt man durch Beigabe von etwas Kartoffelsirup. Nun einen Teil des Marzipans mit Lebensmittelfarbe leicht grün färben, ca. 2–3 mm dick ausrollen. Körper und Arme des Weihnachtsengels ausschneiden und auf die Torte legen. Den Rest des Marzipans rosa färben, eine Kugel formen und flachdrücken (ca. 4 mm Durchmesser). Mit einer Lochtülle die Augen und den Mund ausschneiden, die Nase und die Hände aufsetzen.
Ein Eiklar mit dem Saft einer halben Zitrone und etwas Staubzucker schaumig rühren und so viel Staubzucker dazugeben, bis die Masse so fest ist, daß sie nicht mehr zerrinnt. Die Hälfte der Masse mit gelber Lebensmittelfarbe einfärben und damit die Haare des Engels aufspritzen. Mit der weißen Spritzglasur die Randverzierung spritzen.

Schneeballen

4 Eiklar
200 g Feinkristallzucker
15 g Stärkemehl
etwas rosa gefärbter Kristallzucker (Lebensmittelfarbe oder Himbeersirup)

Das Eiklar mit der Hälfte des Zuckers und dem Stärkemehl steif schlagen, den restlichen Zucker nach und nach einrieseln lassen. Weiterschlagen, bis der Zucker gelöst ist. Auf Pergamentpapier mittels Dressiersack ca. 4 cm große, halbrunde Kugeln formen. Diese mit rosa gefärbtem Kristallzucker bestreuen und bei 120 Grad und halbgeöffnetem Rohr 4 Stunden trocknen.
Mit etwas zurückbehaltener Windmasse je zwei Hälften mit einem Band zusammenfügen.

Eiszapfen

4 Eiklar
200 g Feinkristallzucker
15 g Stärkemehl
100 g Hagelzucker

Windmasse wie bei Schneeballen zubereiten. Auf Pergamentpapier mittels Dressiersack Eiszapfen dressieren und mit Hagelzucker bestreuen. Bei 120 Grad und halbgeöffnetem Rohr 4 Stunden trocknen.
Mit etwas zurückbehaltener Windmasse und einem Band jeweils 2 Teile zu einem Aufhänger fertigen.

Tannenbäume

4 Eiklar
200 g Feinkristallzucker
15 g Stärkemehl
grüne Lebensmittelfarbe oder Creme de Menthe

Windmasse wie bei Schneeballen zubereiten.
Auf ein Pergamentpapier mittels Dressiersack Tannenbäume dressieren, diese mit grün gefärbtem Kristallzucker (Lebensmittelfarbe oder Creme de Menthe) überstreuen und bei 120 Grad und halbgeöffnetem Rohr 4 Stunden trocknen.
Mit einer Schleife versehen, jeweils zwei Teile mittels zurückbehaltener Windmasse zusammensetzen.

Schokolade-Rum-Torte

Schokolademasse:
5 Eier
160 g Feinkristallzucker
40 g Mehl
80 g Stärkemehl
2 Eßl. Öl
40 g Kakao

Tränke:
3 Eßl. Rum
3 Eßl. Läuterzucker

Creme:
4 dl Obers
200 g Kuvertüre (Tunkmasse)
3 Eßl. Rum

Dekor:
1 dl Obers
10 g Staubzucker
etwas Blockschokolade
150 g Kuvertüre (Tunkmasse)
1 Eßl. Öl

Die Eier mit der Hälfte des Zuckers schaumig rühren und den restlichen Zucker nach und nach einrieseln lassen. Das mit Stärkemehl versiebte Mehl leicht unter die schaumige Eimasse ziehen. Das Öl mit dem Kakao glattrühren und zuletzt hinzufügen.
Die Schokolademasse in eine Tortenform füllen und 45 Minuten bei 180 Grad backen. Nach dem Backen auf ein mit Kristallzucker bestreutes Blech stürzen und gut auskühlen lassen.
Die Schokoladetorte dreimal durchschneiden und jeden Tortenboden mit dem Rum-Läuterzucker-Gemisch tränken (Läuterzucker: Zucker und Wasser im gleichen Verhältnis kurz aufkochen).
Schicht für Schicht im Tortenreifen mit der Schokolade-Rum-Creme füllen.
Für die Creme Schlagobers und Rum aufkochen, vom Feuer nehmen und geschnittene Kuvertüre zugeben, auflösen lassen. Die Creme passieren und 12 Stunden ruhen lassen!
Die Torte eine halbe Stunde kühlen, danach aus dem Reifen nehmen und die Oberfläche mit dem leicht gesüßten, geschlagenen Obers bombiert einstreichen. Mit einem kleinen Messer von einem Schokoladeblock Späne auf die Torte schaben.
Die Kuvertüre im Wasserbad auflösen und mit dem Öl zu einer leicht dickflüssigen Masse verrühren (beim Rühren sollen die Konturen leicht sichtbar sein). Danach auf eine Marmor- bzw. Nirostaplatte gießen, mit einer Spachtel oder Tortenpalette glattstreichen. Wenn die Masse leicht stockt, rasch zwei Streifen von etwa 7 cm Höhe und 30 cm Länge schneiden, mit einem dünnen Messer von der Platte lösen und sofort die Seiten der Torte damit eindecken.

Maroni-Obers-Torte

Schokolademasse:
160 g Butter
270 g Staubzucker
160 g Schokolade
Prise Salz
½ Pkt. Haas-Vanillinzucker
7 Eidotter
7 Eiklar
160 g Mehl
etwas Rum zum Tränken

Maronimasse:
140 g Maronipüree, tiefgekühlt
2 Eßl. Rum
2 Eßl. Wasser
25 g Staubzucker
4 Blatt Gelatine
1½ dl Obers

Dekor:
2 dl Obers
60 g Maronipüree, tiefgekühlt
20 g Staubzucker
1 Kaffeel. Rum

Die leicht erwärmte Butter, ein Viertel des Zuckers und die im Wasserbad aufgelöste Schokolade mit Salz und Vanillinzucker schaumig rühren. Die Eidotter nach und nach beigeben. Den restlichen Zucker mit dem Eiklar schaumig schlagen. Beide Massen mischen und das Mehl vorsichtig einrühren, danach in eine gebutterte, gestaubte Form füllen. Bei 180 Grad 1 Stunde backen. Auf ein Backblech Kristallzucker streuen und die noch heiße Torte umgedreht darauflegen.
Die Torte drei Stunden gut kühlen, danach aus der Form lösen und in Zwei-Drittel-Höhe durchschneiden. Das dickere Stück in eine Tortenform legen, mit Maronimasse füllen und mit dem dünneren Boden, der mit Rum beträufelt wird, abdecken.

Für die Maronimasse Maronipüree, Staubzucker, Rum und Wasser glattrühren. Gelatine zuerst in Wasser einweichen, danach auflösen und in die Maronimasse einrühren. Das geschlagene Obers vorsichtig unter die Masse heben.

Die gekühlte Torte mit leicht gesüßtem, geschlagenem Obers einstreichen. Maronipüree mit Rum und Staubzucker verarbeiten und durch eine mittlere Raspel auf die Torte reiben.
Zuletzt mit dem Dressiersack kleine Obersherzen auf die Torte formen.

Weihnachtsstollen

⅛ l Milch
500 g Mehl
1 Pkt. Germ
220 g Butter
100 g Staubzucker
Prise Salz
70 g Zitronat, gewürfelt
80 g Mandeln, gestiftelt
200 g Rosinen
8 g Stollengewürz (wenn nicht vorhanden, weglassen)
1 Pkt. Haas-Vanillinzucker
Schale einer halben Zitrone
2 Eidotter

150 g Butter
200 g Kristallzucker
1 Pkt. Haas-Vanillinzucker

Mit Milch, Germ und etwas Mehl ein Dampfl ansetzen. Ist dieses aufgegangen, die restlichen Zutaten (ohne Früchte) zu einem nicht zu weichen Teig verarbeiten und ca. 1 Stunde zugedeckt rasten lassen. Die Früchte dazugeben, kurz durchkneten und den Teig halbieren.
Aus den Teigstücken etwa 30 cm lange Stangen formen. Diese Stangen mit dem Rollholz rechteckig ausrollen (in der Mitte dünner, so daß an den Längsseiten dickere Wülste bleiben). An den kurzen Seiten den Teig etwas einschlagen und dann längsseits zur bekannten Stollenform zusammenklappen. Das Backblech mit Backtrennpapier oder Pergamin belegen, die Stollen darauflegen und mit einem Tuch bedeckt ca. 20 Minuten gehen lassen.
Anschließend bei 180 Grad ca. 50 Minuten backen.
Die noch warmen Stollen mit der zerlassenen Butter von allen Seiten bestreichen und in dem mit Vanillinzucker vermischten Kristallzucker wälzen.

Früchtebrot

350 g Kletzen (getrocknete Birnen)
150 g getrocknete Feigen
100 g Dörrpflaumen ohne Kerne
½ l Wasser
250 g Weizenmehl
20 g Germ
80 g Staubzucker
Prise Salz
1 Teel. Zimt
Schale einer halben Zitrone

1 Eidotter
halbierte Mandeln

Die Kletzen, Feigen und Dörrpflaumen über Nacht in Wasser einweichen, abtropfen lassen und grob hacken. Das Mehl in eine Schüssel geben, in der Mitte eine Mulde drücken, die Germ hineinbröckeln und mit ⅛ l lauwarmem Einweichwasser der Früchte auflösen. Etwa 15 Minuten gehen lassen.
Zucker und Geschmackszutaten beifügen und einen leichten Germteig schlagen. Nochmals 15 Minuten gehen lassen und die gehackten Früchte einkneten. Den Teig zu einer Kugel formen und in eine runde, befettete, bemehlte Backform legen. Mit einem feuchten Tuch zudecken und ca. 1 Stunde gehen lassen. Mit Eidotter bestreichen, mit halbierten Mandeln belegen und bei ca. 180 Grad 1 Stunde backen.

Maronikipferln

250 g Butter
100 g Staubzucker
250 g Maronipüree, tiefgekühlt
2 Eier
250 g Mehl
½ Pkt. Haas-Vanillinzucker
Prise Salz
Schale einer halben Zitrone

50 g Kakao
50 g Staubzucker

Die weiche Butter mit Staubzucker, Maronipüree, Vanillinzucker, Salz und Zitronenschale schaumig rühren. Nach und nach die Eier beigeben, zuletzt das Mehl mit einem Kochlöffel unter die Masse ziehen.
Mittels Dressiersack mit glatter Tülle von 1 cm Durchmesser kleine Kipferln auf ein Papier dressieren und bei 180 Grad 20 Minuten backen.
Über die heißen Kipferln ein Staubzucker-Kakao-Gemisch sieben.

Zimtsterne

200 g Mandeln, gerieben
300 g Staubzucker
120 g Rohmarzipan
120 g Aranzini, feinst gehackt
4 Eiklar
Prise Zimt
Schale einer halben Zitrone
1 Pkt. Haas-Vanillinzucker

1 Eiklar
200 g Staubzucker
etwas Zitronensaft

Mandeln, Staubzucker, Rohmarzipan, Aranzini, Eiklar und Geschmackszutaten zu einem Teig kneten. 1 Stunde kühl rasten lassen. Den Teig ca. 6 mm dick ausrollen.
Eiklar mit Staubzucker und Zitronensaft verrühren und den Teig damit dünn bestreichen. Mit nassem Sternausstecher ausstechen und auf ein Backtrennpapier setzen, bei leicht geöffnetem Backrohr und ca. 150 Grad ca. 25 Minuten backen.

Hausfreunde

3 Eier
140 g Feinkristallzucker
1 Pkt. Haas-Vanillinzucker
100 g Mehl
100 g Haselnüsse, gehackt
100 g Rosinen
30 g Zitronat, gehackt
30 g kandierte Kirschen, gehackt
Prise Salz

Eier, Zucker und Vanillinzucker schaumig rühren, bis eine feste, cremige Masse entsteht. Die restlichen Zutaten dazugeben und mit einem Kochlöffel vorsichtig unterrühren.
Die Masse auf ein mit Backtrennpapier belegtes Backblech 1 cm hoch aufstreichen und bei ca. 180 Grad 20 Minuten backen. Nach dem Backen etwas abkühlen lassen, das Papier abziehen und die Masse in 5 cm breite Streifen schneiden. Die Streifen wieder in ca. 2,5 cm breite Scheiben schneiden, eventuell leicht anzuckern.

Honig-Pfefferminz-Creme

2 Eier
3 Eidotter
200 g Honig
Prise Salz
3 Blatt Gelatine
1 Eßl. Creme de Menthe
¼ l Obers

Dekor:
⅛ l Obers
100 g Honig

Eier, Eidotter, Honig und Salz über Wasserdampf auf etwa 40 Grad schaumig schlagen und danach kalt rühren.
Gelatine im Wasser aufquellen lassen, auspressen und auflösen. Honig mit Creme de Menthe verrühren und mit der Gelatine der schaumig gerührten Eimasse beifügen.
Vorsichtig das geschlagene Obers unterziehen und in eine mit Klarsichtfolie ausgelegte Terrinenform füllen.
Ca. 3 Stunden gut kühlen, aus der Form stürzen, portionieren und kleine tropfenförmige Ornamente aus geschlagenem Obers aufdressieren. Ein Stanitzel aus Butterbrotpapier formen und die Ornamente mit Honig ausfüllen.

Lebkuchenparfait

2 Eier
1 Eidotter
100 g Feinkristallzucker
50 g weicher Lebkuchen
⅛ l Milch
½ Pkt. Haas-Vanillinzucker
Prise Salz
etwas Lebkuchengewürz
¼ l Obers

Dekor:
1½ dl Obers
10 g Staubzucker
50 g braune Mandeln, gehackt

Eier, Eidotter und Zucker über Wasserdampf auf ca. 40 Grad warm schlagen und danach kalt rühren. Den geriebenen Lebkuchen mit Milch, Vanillinzucker, Salz und Lebkuchengewürz (Achtung, das Gewürz ist sehr intensiv!) verrühren und vorsichtig in die Eimasse einrühren. Zuletzt das geschlagene Obers unterziehen.
Die Masse in eine mit Klarsichtfolie ausgelegte Form füllen und 4 Stunden tiefkühlen.
Aus der Wanne stürzen, mit geschlagenem, gezuckertem Obers zwei Streifen dressieren und mit leicht gerösteten und gehackten braunen Mandeln fertig garnieren.

Silvester- und Faschingsgebäck

Faschingstorte

6 Eier
150 g Zucker
½ Pkt. Haas-Vanillinzucker
Schale einer halben Zitrone
20 g Mandeln oder Haselnüsse, gerieben
30 g Biskuitbrösel
80 g Mehl

Tränke:
⅛ l Weißwein
⅛ l Ananassaft
50 g Staubzucker

zum Dekorieren:
¼ l Obers
kandierte Kirschen
Angelika

Eidotter mit einem Drittel des Zuckers und den Geschmackszutaten schaumig rühren, Eiklar mit restlichem Zucker zu Schnee schlagen. Ein Drittel des Schnees in die Dottermasse einrühren, restlichen Schnee mit Mandeln, Bröseln und Mehl unterziehen. Die Masse in einen Tortenreifen füllen und im vorgeheizten Backrohr bei 170–180 Grad 45 Minuten backen. Noch heiß mit einem Messer den Rand losschneiden, auskühlen lassen.

Die Torte im Reifen – aber ohne Boden – auf eine Kuchen- oder Tortenplatte stellen, die Tränke mit einem Pinsel über die Torte verteilen, Reifen abnehmen.
Geschlagenes Obers mit glatter Tülle aufdressieren, mit kandierten Kirschen und Angelika garnieren.

Silvester-Punschtorte

7 Eidotter
170 g Feinkristallzucker
1 Pkt. Haas-Vanillinzucker
7 Eiklar
170 g Mehl
3 Eßl. Öl

Fülle:
50 g Marillenmarmelade, passiert
3 Eßl. Rum
1/16 l Wasser
50 g Aranzini, gehackt
40 g Feinkristallzucker

150 g Marillenmarmelade
100 g Fondant (Zuckerglasur)
60 g Haselnüsse, gerieben
Schokoladefettglasur

Dekor:
50 g Rohmarzipan
grüne und rote Lebensmittelfarbe

Eidotter mit 50 g Zucker und Vanillinzucker schaumig rühren. Eiklar mit restlichem Zucker zu Schnee schlagen. Beide Massen mischen. Das Mehl und zum Schluß das Öl einrühren.
Die Masse auf zwei Tortenreifen verteilen, im vorgeheizten Rohr bei 180–190 Grad ca. 20 Minuten backen, auskühlen lassen.

Die Biskuittorten aus den Reifen schneiden. Eine Torte in der Mitte durchschneiden, mit der Schnittfläche nach oben auflegen, mit Marillenmarmelade dünn bestreichen, eine Hälfte mit einem Tortenreifen umgeben.
Die zweite Torte in 2 cm große Würfel schneiden, diese in eine Schüssel geben, mit 50 g Marillenmarmelade mischen und mit Rum tränken.

Wasser, Aranzini und Zucker aufkochen und vorsichtig mit den Biskuitwürfeln mischen. Die Fülle in den Tortenreifen geben, am Rand etwas hineindrücken, den zweiten Biskuitboden mit der Marmelade nach unten auflegen, mit einem Brett (Tortenplatte) beschwert ca. 1–2 Stunden kühl stellen.
Die Torte aus dem Reifen nehmen, umdrehen, mit Marillenmarmelade bestreichen und mit Fondant (etwas wärmer als Körpertemperatur, dadurch wird die Glasur etwas fester) glasieren, trocknen lassen, auf der Seite mit geriebenen Haselnüssen bestreuen, mit erwärmter Schokoladefettglasur aufspritzen.
Ein Kleeblatt aus Karton schneiden, mit Lebensmittelfarbe grün gefärbten Marzipan auf 2 mm Dicke ausrollen, mit der Schablone ein Kleeblatt ausschneiden und auf die Torte auflegen. Zwei Pilze aus rot gefärbtem und weißem Marzipan formen und auf das Kleeblatt aufsetzen.

Die Rezepte für die Gebackenen Topfennockerln und die Brandteigkrapfen auf der vorhergehenden Doppelseite finden sich auf Seite 147

Neujahrsfisch

5 Eier
250 g Feinkristallzucker
Prise Salz
Schale einer halben Zitrone
½ Pkt. Haas-Vanillinzucker
130 g Mehl
120 g Stärkemehl
170 g Butter

Staubzucker
½ Pkt. Haas-Vanillinzucker

Eier mit Zucker und Geschmackszutaten im Wasserbad warm schlagen, herausnehmen und kalt schlagen.
Das Mehl mit Stärkemehl versieben, unterziehen. Die Butter zergehen lassen, unterziehen. Die Masse in eine gut gebutterte, mit Mehl bestäubte Fischform (es kann aber auch jede andere Form verwendet werden) füllen und im vorgeheizten Rohr bei 170 Grad ca. 40–45 Minuten backen.
Den Kuchen auf ein Gitter stürzen, auskühlen lassen, mit vanilliertem Staubzucker bestreuen.

Kleeblattkuchen

3 Eier
80 g Butter
150 g Staubzucker
⅛ l Obers
300 g Mehl
½ Pkt. Haas-Backpulver
Prise Salz
Schale einer halben Zitrone

Butter und Brösel für die Form

zum Bestreuen:
etwas Kakao

Butter mit Staubzucker, Geschmackszutaten und Eiern schaumig rühren, das Mehl mit dem Backpulver versieben, abwechselnd mit dem Obers in den Abtrieb ziehen.
Die Backform – möglichst eine Kleeblattform – mit Butter auspinseln, mit Bröseln ausstreuen, die Masse einfüllen, im vorgeheizten Rohr bei 170 Grad ca. 1 Stunde backen. Den Kuchen auf ein Gitter stürzen, auskühlen lassen.
Aus einem Karton eine Kleeblattschablone schneiden, auf den Kuchen legen und diesen mit Kakao übersieben.

Schokoladekonfekt

200 g Milchtunkmasse
80 g Butter
3 Eßl. Orangenlikör

150 g Milchtunkmasse

60 g Kakao

Milchtunkmasse vorsichtig über Wasserdampf schmelzen (die Schokolade sollte nicht über Körpertemperatur erwärmt werden). Orangenlikör hinzufügen und mit einem Schneebesen glattrühren. Butter (aus dem Kühlschrank!) klein schneiden, zur verrührten Tunkmasse geben, mit einem Handmixer schaumig rühren. Die Masse mit einer Lochtülle (12 mm) auf ein mit Backtrennpapier belegtes Blech als Stangen dressieren, ca. 45 Minuten kalt stellen.

Die Stangen in ca. 3 cm lange Stücke schneiden, wieder kalt stellen. Milchtunkmasse unter ständigem Rühren langsam schmelzen (siehe Seite 155).

In eine Schüssel 6–8 Stangen geben, 2 Eßlöffel Milchtunkmasse darübergießen und die Stangen vorsichtig mit einem Kochlöffel wälzen, bis sie mit Schokolade überzogen sind. Dann auf ein mit Folie belegtes Blech legen und kühl stellen. Wenn die Stangen hart sind, in gesiebtem Kakao wälzen.

Rohkostkonfekt

100 g Dörrpflaumen ohne Kerne
150 g getrocknete Marillen
100 g Datteln
200 g getrocknete Feigen
3–4 Eßl. Marillen- oder Zwetschkenbrand
150 g Schokoladefettglasur oder Tunkmasse
150 g grobgeriebene, gesiebte geröstete Mandeln oder Haselnüsse

Die Dörrfrüchte mit heißem Wasser abschwemmen und grob hacken. Den Marillenbrand dazugeben, vermischen, mit den Händen durchkneten und 1 Stunde kühl stellen.
Aus der Masse kleine, etwa 30 g schwere Kugeln formen (die Hände mit Wasser befeuchten, dadurch klebt die Masse nicht so stark), die Kugeln kühl stellen.
Die Schokoladefettglasur auflösen, die Kugeln einzeln in die Glasur tauchen, mit den Handflächen etwas nachrollen und gleich in den geriebenen Mandeln wälzen. Kühl stellen, bis die Glasur hart wird.

Nuss-Kirsch-Dessert

Creme:
¼ l Obers
250 g Schokolade oder Tunkmasse

Grundmasse:
5 Eidotter
40 g Staubzucker
5 Eiklar
80 g Feinkristallzucker
80 g Mehl
80 g Walnüsse, gerieben
2 Eßl. Öl

1 Dose Kirschen- oder Weichselkompott
1 Pkt. Haas-Tortengelee

Als erstes die Creme zubereiten: Obers aufkochen, kleingeschnittene Schokolade dazugeben, so lange rühren, bis sie sich aufgelöst hat. Die Creme kalt stellen, bis sie fest wird. Vor Gebrauch etwas schaumig rühren.

Dotter mit Zucker schaumig rühren, Eiklar mit restlichem Zucker zu Schnee schlagen. Beide Massen mischen, Mehl und Nüsse hinzufügen, zum Schluß das Öl unterziehen. Die Masse auf ein Papier streichen und im vorgeheizten Rohr bei 220 Grad ca. 10 Minuten backen. Mit Zucker bestreuen, umdrehen, auskühlen lassen. Mit einem runden Ausstecher (ca. 6 cm Durchmesser) Scheiben ausstechen. Je 3 Scheiben mit Creme zusammensetzen, in der Mitte immer eine entkernte Kompottkirsche einlegen. Kühl stellen.
Auf der Seite mit Creme verstreichen und mit geriebenen Walnüssen bestreuen.
Kirschen gut abtropfen lassen, kleine Häufchen formen und mit Tortengelee (Zubereitung lt. Anweisung auf der Packung) überpinseln, stocken lassen. Mit einer Tortenpalette die Häufchen auf die Nußdesserts aufsetzen.

Karamelwürfel

Creme:
80 g Feinkristallzucker
4 dl Obers
150 g Butter
2 Eßl. Rum

Grundmasse:
100 g Butter
6 Eidotter
60 g Schokolade
5 Eiklar
120 g Feinkristallzucker
120 g Mehl

geriebene Nüsse
geriebene Schokolade

Für die Creme Zucker schmelzen (vorsichtig, er darf nicht zu dunkel werden), Obers aufkochen und den heißen Karamel damit ablöschen. Vom Feuer nehmen, Butter dazugeben und so lange rühren, bis sich der Karamel und die Butter aufgelöst haben.
Die Creme in den Kühlschrank stellen, in Abständen von 15 Minuten durchrühren, bis die Creme kalt ist (solange die Creme warm ist, setzt sich das Fett ab).
Die Creme muß mindestens 8 Stunden im Kühlschrank stehen!

Butter und erweichte Schokolade schaumig rühren, Dotter nach und nach dazugeben. Eiklar und Zucker zu Schnee schlagen. Beide Massen mischen, Mehl dazugeben, auf ein mit Butter befettetes, mit Mehl bestäubtes Blech 2–3 mm dick aufstreichen. Bei 200 Grad backen, in Quadrate von 20 cm schneiden (wir brauchen 2 schöne, den Rest kann man zusammensetzen) und vorsichtig vom Blech lösen, auskühlen lassen.
Creme (vor dem Aufschlagen in das Tiefkühlfach stellen, soll sehr kalt sein) wie Obers aufschlagen, Rum dazugeben, die Schokoladeplatten damit zusammensetzen (5 Stück) und ca. 1 Stunde kalt stellen. Würfel schneiden (5 x 5 cm), auf der Seite etwas mit Creme bestreichen, mit geriebenen Nüssen bestreuen, mit restlicher Creme Rand spritzen, mit geriebener Schokolade ausfüllen.

Powidlkrapfen

500 g glattes Mehl
1 Pkt. Germ
¼ l Milch
50 g Feinkristallzucker
1 Ei
3 Eidotter
2 Prisen Salz
1 Eßl. Rum
80 g Butter
½ Pkt. Haas-Vanillinzucker
Schale einer Zitrone

Backfett
220 g Powidl
150 g Haselnüsse

Staubzucker

Alle Zutaten bis auf die Butter und das Salz zu einem glatten Teig verkneten. 20 Minuten mit einem Tuch zugedeckt gehen lassen, danach die warme Butter und das Salz beigeben, verkneten, nochmals 10 Minuten rasten lassen und zu kleinen Kugeln von etwa 50 g formen. Auf ein bemehltes Tuch auflegen, leicht mit Mehl bestäuben und 25 Minuten an einem warmen Ort zugedeckt aufgehen lassen.
Die Krapfen mit der Oberseite zuerst in das 180 Grad heiße Backfett einlegen, einmal wenden und goldgelb herausbacken. Gesamtbackzeit ca. 6 Minuten.
Mit einem Spritzsack und einem langen Dressierröhrchen etwas Powidl in die noch warmen Krapfen füllen und diese sofort in den gerösteten, geriebenen Haselnüssen wälzen.
Mit Staubzucker leicht übersieben.

Bauernkrapfen

500 g Mehl
1 Pkt. Germ
¼ l Milch
50 g Feinkristallzucker
1 Ei
3 Eidotter
2 Prisen Salz
1 Eßl. Rum
80 g Butter
½ Pkt. Haas-Vanillinzucker
Schale einer halben Zitrone

Backfett

250 g Feinkristallzucker
1 Kaffeel. Zimtpulver
180 g Himbeer- oder Ribisel-
marmelade

Die lauwarme Milch mit Germ und etwas Mehl zu einem dicken Brei anrühren und diesen mit Mehl bestäuben. Rasten lassen. Wenn sich dicke Risse an der Oberfläche zeigen, mit allen restlichen Zutaten – die Butter zuletzt – zu einem glatten Teig verarbeiten und diesen 20 Minuten zugedeckt rasten lassen.
Den Teig kneten, bis er glatt ist, dann Kugeln von etwa 50 g formen. Diese auf ein bemehltes Tuch legen, mit Mehl bestäuben und 25 Minuten aufgehen lassen.
Mit dem Kochlöffel in jede Kugel ein Loch drücken und danach bei 170 Grad auf beiden Seiten insgesamt ca. 6 Minuten goldgelb backen.
Nach dem Backen die Krapfen in Zimtzucker wälzen und das Loch mit erwärmter Marmelade füllen.

Ostergebäck

Ostertorte mit Marzipanei

1 Torte nach Wahl (am besten Grundrezept Haselnußtorte, Seite 64), mit Buttercreme gefüllt
100 g Marillenmarmelade
1 Becher Zuckerglasur (Fondant)
100 g Rohmarzipan
100 g Staubzucker
Himbeersirup zum Einfärben
Himbeermarmelade
Marillenmarmelade
50 g Tunkmasse

Die Torte mit heißer Marillenmarmelade überziehen, die Zuckerglasur im Wasserbad leicht erwärmen und die Torte gleichmäßig glasieren. Den Marzipan mit Staubzucker verkneten, auf einer möglichst kalten Arbeitsfläche (Marmorplatte) dünn ausrollen und mittels einer Schablone aus Karton ein Osterei ausschneiden.

Das Ei mit Himbeermarmelade, Marillenmarmelade und etwas verdünnter Zuckerglasur dekorieren. Das Band aus Marzipan formen, der mit Himbeersirup eingefärbt wurde. Zuletzt leicht erwärmte Tunkmasse mit einigen Tropfen Wasser verrühren, in ein Stanitzel aus Butterbrotpapier oder Pergamin füllen und damit die Randgarnierung und den Schriftzug ausführen.

Grundrezept Buttercreme:
350 g Butter
140 g Staubzucker
1 Pkt. Haas-Vanille-Creme
3 Eidotter
½ l Milch

Etwas Milch und Vanille-Creme-Pulver mit 3 Eidottern glattrühren, restliche Milch und Zucker aufkochen, unter ständigem Rühren Cremepulverbrei beigeben und gut verkochen. Auf ein Blech gießen und mit Staubzucker übersieben, um eine Hautbildung zu verhindern.
Die Butter schaumig rühren und die überkühlte, passierte Vanillecreme beigeben, weiter schaumig rühren.
Diese Grundcreme kann mit Schokolade, Mandeln, Nüssen, Kaffee, Likören und Fruchtpüree abgeschmeckt werden.

Osterhasen aus Pinzenteig

500 g Mehl
½ Pkt. Germ
¼ l Milch
75 g Butter
60 g Staubzucker
2 Prisen Salz
1 Ei

zum Einstreichen:
1 Ei
1 Eidotter

Die Milch mit etwas Zucker erwärmen, die Germ und soviel Mehl wie nötig zu einem dicken Brei glattrühren. Mit dem restlichen Mehl überstauben.
Wenn ca. 1 cm große Risse auftreten, mit den restlichen Zutaten verkneten und den Teig zugedeckt ca. 20 Minuten an einem warmen Platz rasten lassen.
Den Teig nochmals gut verkneten und ½ cm dick ausrollen. Mit einem 8 cm großen Ausstecher 10 Teile ausstechen und diese auf ein Blech legen. Ei und Eidotter verrühren und damit die Stücke dünn bestreichen.
Aus dem restlichen Teig mit verschiedenen Ausstechern oder mit dem Messer Zähne, Bart, Augen, Ohren und Haare ausschneiden. Diese ebenfalls mit dem Eigemisch bestreichen.
Mit Plastikfolie abdecken und 15 Minuten rasten lassen, dann bei 200 Grad 20–25 Minuten goldgelb backen.

Die Rezepte für den Osterzopf mit Aranzini und die Schnecken im »Reindl« auf der vorhergehenden Doppelseite finden sich auf Seite 148

FROHE
OSTERN

Mandelplätzchen

100 g Butter
100 g Honig
150 g Weizenvollkornmehl
80 g geriebene Mandeln
2 Eßl. Milch
Schale einer halben Zitrone

zum Bestreichen:
1 Ei

zum Bestreuen:
100 g gehobelte Mandeln

Alle Zutaten zu einem Teig verkneten und ca. 1–2 Stunden in den Kühlschrank stellen. Den Teig ca. 3 mm dick ausrollen und Plätzchen von ca. 3 cm Durchmesser ausstechen, auf ein mit Mehl bestäubtes Blech legen, mit Ei bestreichen und mit gehobelten Mandeln bestreuen.

Im vorgeheizten Rohr (ca. 190 Grad) ca. 10 Minuten goldgelb backen.

Linzeraugen

100 g Butter
100 g Honig
1 Eidotter
3–4 Eßl. Obers
Schale einer halben Zitrone
250 g Weizenvollkornmehl
1 Messerspitze Haas-Backpulver

zum Zusammensetzen:
etwas Ribiselmarmelade

Alle Zutaten zu einem Teig verkneten und ca. 1–2 Stunden in den Kühlschrank stellen. Dann 2–3 mm dick ausrollen, mit einer runden Form Plätzchen ausstechen und diese auf ein mit Mehl bestäubtes Blech setzen. In die halbe Anzahl der Plätzchen in der Mitte ein Loch stechen. Im vorgeheizten Rohr bei 200 Grad goldgelb backen.
Auskühlen lassen und mit Ribiselmarmelade zusammensetzen.

Nusskipferln

200 g Weizenvollkornmehl
200 g Butter
150 g Walnüsse, fein gerieben
3–4 Eßl. Honig

Alle Zutaten zu einem Teig kneten. Im Kühlschrank 1–2 Stunden ruhen lassen, in 1 cm dicke Rollen formen, 5 cm lange Stücke schneiden und zu Kipferln formen.
Auf einem befetteten Blech bei 180 Grad nicht zu dunkel backen.

Zitronenroulade

5 Eier
100 g Staubzucker
100 g Mehl

Zitronencreme:
350 g Butter
250 g Staubzucker
2 Eier
Saft und Schale von 2 Zitronen

Dekor:
50 g Kochschokolade
40 g Butter

Eidotter mit einem Drittel des Zuckers gut schaumig rühren. Eiklar mit restlichem Zucker zu Schnee schlagen, beide Massen mischen, Mehl unterziehen.
Masse auf Pergamin oder Backtrennpapier aufstreichen (ca. 30 x 40 cm) und im vorgeheizten Rohr bei 220 Grad ca. 10–15 Minuten nicht zu stark backen, da das Biskuit sonst zu trocken wird und beim Einrollen bricht.
Noch heiß mit Zucker bestreuen, mit Pergamin bedecken, umdrehen und auskühlen lassen.

Für die Creme alle Zutaten unter ständigem Rühren mit einer Schneerute vorsichtig aufkochen, mixen, passieren, kalt stellen und stocken lassen. Die Creme etwas schaumig rühren.
Vom Biskuit das obere Papier abziehen, die Creme aufstreichen, dabei etwas Creme zum Garnieren zurücklassen. Das Biskuit einrollen, kalt stellen.

Für das Dekor leicht erwärmte Schokolade mit flüssiger Butter verrühren, oder beides zugleich vorsichtig erwärmen, in ein Stanitzel füllen und auf Pergamin eiförmig aufspritzen, kalt stellen. Auf jede Portion Zitronenroulade mittels Dressiertüte einen Punkt aufspritzen und mit Schokoladeplättchen oder Schokolade-Ostereiern garnieren.

Briochezopf

250 g Mehl
20 g Germ
40 g Staubzucker
80 g Butter
Prise Salz
1 Pkt. Haas-Vanillinzucker
Schale einer halben Zitrone
3 Eidotter
etwas weniger als ⅛ l Milch

1 Ei

ca. 20–30 g Hagelzucker

Mit lauwarmer Milch, Germ, Zucker und ein wenig Mehl ein Dampfl ansetzen.
Die restlichen Zutaten mit dem reifen Dampfl zu einem Teig kneten (schlagen), und zwar so lange, bis sich der Teig vom Kochlöffel oder Geschirr löst und eine glatte, seidige Beschaffenheit aufweist.
Den Teig zugedeckt an einem warmen Ort ca. 20 Minuten gehen lassen. Dann in drei gleiche Teile schneiden und zu Strängen formen, diese zu einem Zopf flechten. Den Zopf auf ein Blech setzen, um ein Drittel aufgehen lassen, mit Ei bestreichen, mit Hagelzucker bestreuen und im vorgeheizten Rohr bei 210 Grad 25 Minuten backen.

Topfenpatzerlkuchen

300 g Mehl
30 g Germ
50 g Staubzucker
50 g Butter
1 Ei
⅛ l Milch
Prise Salz
½ Pkt. Haas-Vanillinzucker

Topfenfülle:
50 g Butter
100 g Staubzucker
20 g Stärkemehl
250 g passierter Topfen (10%)
1 Pkt. Haas-Vanillinzucker
Prise Salz
Schale einer halben Zitrone
50 g gewaschene Rosinen

Die Milch erwärmen, mit der Germ, dem Vanillinzucker und Zucker verrühren. Restliche Zutaten dazugeben und zu einem mittelfesten Teig kneten. Den Teig ca. ½ Stunde zugedeckt gehen lassen, dann in Stücke von 50–60 g auswiegen. Kugeln formen, mit dem Rollholz etwas flachdrücken. Topfenfülle (dafür alle Zutaten vermischen) darauflegen (ca. 30 g pro Stück). Eindrehen, mit dem Verschluß nach unten einzeln in eine gebutterte Form geben (feuerfeste Kaffee- oder Mokkatassen) um das halbe Volumen aufgehen lassen. Im vorgeheizten Rohr bei 190 Grad ca. 20–25 Minuten backen.

Dattel-Streuselkuchen

300 g Mehl, glatt
20 g Germ
50 g Staubzucker
50 g Butter
Prise Salz
½ Pkt. Haas-Vanillinzucker
2 Eidotter
ca. ⅛ l Milch
etwas Semmelbrösel
1 kg frische Datteln

Streusel:
300 g Mehl
300 g Feinkristallzucker
250 g Butter
Prise Salz
½ Pkt. Haas-Vanillinzucker
1 Messerspitze Zimt

Die Milch leicht erwärmen, mit der Germ verrühren, Zucker, Eidotter und Vanillinzucker dazugeben. So viel Mehl einrühren, bis eine zähflüssige Masse entsteht, etwas Mehl darüberstreuen. Das Dampfl an einen warmen Ort stellen, bis es zu doppelter Höhe aufgegangen ist.
Dampfl, restliches Mehl, Salz und aufgelöste Butter (nicht zu warm!) zu einem Teig kneten. Den Teig etwas rasten lassen, dann rechteckig ausrollen. Er soll 1 cm dick sein. Auf ein mit Mehl bestäubtes Blech legen, mit einer Gabel einstechen.
1 kg frische Datteln schälen und entkernen. Den ausgerollten Teig mit Bröseln bestreuen, die Datteln auflegen.

Für den Streusel alle Zutaten zusammenmischen und leicht durchkneten (es soll kein fester Teig werden), ½ Stunde kalt stellen.
Den kalten Streusel mit den Handflächen zerbröseln und über die Datteln streuen. Den Kuchen in das vorgeheizte Rohr schieben und bei 200 Grad ca. 25–35 Minuten backen.
Zwischendurch den Kuchen mit einem Messer anheben und die Farbe an der Unterseite kontrollieren.

Nuss-Kranzkuchen

400 g Mehl
1 Pkt. Germ
⅛ l Milch
100 g Butter
40 g Staubzucker
1 Ei
2 Eidotter
Prise Salz
1 Pkt. Haas-Vanillinzucker
Schale einer halben Zitrone

Nußfülle:
1/16 l Milch
60 g Feinkristallzucker
20 g Butter
125 g Walnüsse, gerieben
50 g Brösel
1 Pkt. Haas-Vanillinzucker
etwas Zimt, etwas Rum
Schale einer halben Zitrone
50 g Aranzini

zum Ausfertigen:
Marillenmarmelade
100 g Fondant

Die kalte Milch und die weiche Butter mit allen Zutaten gut durchrühren und danach 10 Minuten zugedeckt kühl rasten lassen. Inzwischen bereitet man die Nußfülle zu:
Milch mit Zucker und Butter aufkochen. Die geriebenen Walnüsse und die Brösel beigeben und gut abrösten. Mit etwas Rum und den Geschmackszutaten mischen und die Fülle kalt stellen.
Den Hefeteig auf eine Größe von 30 x 40 cm ausrollen und die gekühlte Fülle gleichmäßig darauf verteilen. Die gehackten Aranzini darüberstreuen und den Teig von der Längsseite aufrollen.
Die Rolle exakt der Länge nach durchschneiden und mit den beiden Hälften einen Zopf flechten. Den Kuchen auf ein leicht befettetes Blech setzen und zugedeckt bis fast zum doppelten Volumen aufgehen lassen. Bei 220 Grad ca. 10 Minuten anbacken, danach bei 190 Grad 30 Minuten ausbacken.
Mit heißer Marillenmarmelade bestreichen und mit erwärmtem Fondant dünn glasieren.

Bürgermeister

1½ dl Milch
150 g Mehl
15 g Feinkristallzucker
15 g Butter
15 g Germ
1 Eidotter
Prise Salz
1 Pkt. Haas-Vanillinzucker

Mohnfülle:
80 g gemahlener Mohn
2 Eßl. Milch
20 g Feinkristallzucker

Nußfülle:
80 g geriebene Walnüsse
2 Eßl. Milch
20 g Feinkristallzucker
1 Pkt. Haas-Vanillinzucker
Schale einer halben Zitrone

Topfenfülle:
80 g Topfen (20%)
5 g Haas-Vanille-Creme-Pulver
20 g Staubzucker
10 g Butter, 1 Eidotter

Die Germ in der kalten Milch auflösen und mit den übrigen Zutaten glattrühren. Eine halbe Stunde kühl rasten lassen.
Den Teig ausrollen und in drei Streifen à 10 cm Breite schneiden. Die drei Füllungen (alle Zutaten werden nur glattgerührt) in Stangenform auflegen bzw. aufdressieren. Die Füllungen in den Teig einrollen, aus den drei Stangen Striezel flechten und in eine gebutterte, bestaubte Wandelform einlegen.
Eine halbe Stunde rasten lassen, dann bei 180 Grad eine Stunde goldgelb backen.

Osterlämmchen

70 g Butter
80 g Staubzucker
2 Eidotter
Schale einer halben Zitrone
2 Eiklar
90 g Mehl
50 g Stärkemehl

für die Form:
Butter
Semmelbrösel

Staubzucker
½ Pkt. Haas-Vanillinzucker

Die Butter mit der Hälfte des Zuckers, den Eidottern und der Zitronenschale schaumig rühren. Eiklar mit restlichem Zucker zu Schnee schlagen.
Beide Massen sorgfältig verrühren und das mit Stärkemehl versiebte Mehl vorsichtig unterziehen.
Die Masse in die gebutterte und mit Semmelbröseln ausgestreute Osterlämmchen-Form füllen und bei 180 Grad ca. 30 Minuten backen. Überkühlen lassen, dann erst die Form öffnen. Nach dem Erkalten mit vanilliertem Staubzucker übersieben.

Ostertorte mit Marzipanhasen

1 Torte nach Wahl (am besten Muttertagstorte, Seite 149), mit Buttercreme gefüllt
Marillenmarmelade
300 g Rohmarzipan
300 g Staubzucker

etwas Kakao zum Einfärben
50 g Kuvertüre (Tunkmasse)

Eiklar zum Verdünnen
Hagelzucker

Die gekühlte Torte mit warmer, passierter Marillenmarmelade dünn bestreichen.
Marzipan und Staubzucker zusammenwirken, auf einer möglichst kalten Arbeitsfläche (Marmorplatte) 5 mm dick ausrollen und über die Torte legen, gut andrücken. Marzipan rundum wegschneiden. Den unteren Rand der Torte leicht mit heißer Marmelade bepinseln und mit Hagelzucker einstreuen.
Einen Teil des verbliebenen Marzipans mit Eiklar zu einer spritzfähigen Masse verarbeiten. Auf Pergamentpapier den Zaun dressieren. Trocknen lassen, bei 180 Grad vorsichtig backen.
Nun die Hälfte des restlichen Marzipans mit Kakao einfärben und zu einer Kugel von ca. 3 cm Durchmesser formen. Flachpressen und mit dem Finger zwei Höhlen für die Augen des Osterhasen drücken. Nochmals eine Kugel der gleichen Größe formen, halbieren, länglich rollen und leicht eindrücken. Diese Löffel an der Oberseite des Kopfes ansetzen.
Der Bart des Hasen besteht aus zwei ovalen Marzipanteilen, die man mit einer Gabel einsticht. Nase, Pupillen und Haare werden aus dem restlichen Kakaomarzipan, der zusätzlich mit Kuvertüre gefärbt wurde, modelliert.
Leicht erwärmte Kuvertüre mit einem Tropfen Wasser eindicken, in ein Pergamenttütchen füllen, Schriftzug und Randgarnierung vollenden.

FROHE
OSTERN!

FÜR DEN MUTTERTAG

Grillage-Torte

50 g Rohmarzipan
5 Eidotter
150 g Butter
100 g Staubzucker
Prise Salz
1 Pkt. Haas-Vanillinzucker
Schale einer halben Zitrone
Prise Zimt

4 Eiklar
60 g Feinkristallzucker
60 g Mehl
60 g geriebene Nüsse

100 g Feinkristallzucker
100 g geröstete, geschälte Haselnüsse
500 g Buttercreme
(siehe Rezept Ostertorte mit Marzipanei, Seite 48)
100 g Kuvertüre (Tunkmasse)

Marzipan mit Eidotter glatt abarbeiten, dann mit Butter, Zucker und Geschmackszutaten schaumig rühren.
Eiklar zu Schnee schlagen, mit Zucker gut ausschlagen und unter die Fettmasse mischen. Mehl und geriebene Nüsse mischen, vorsichtig unterheben, die Masse in einen Tortenreifen füllen und bei 190 Grad ca. 50 Minuten backen.
Tortenboden einmal gerade und einmal zur Mitte schräg durchschneiden.
Zucker schmelzen, geröstete, geschälte Haselnüsse zugeben, auf geölte Marmorplatte oder Backblech leeren, in kaltem Zustand grob reiben und sieben. (Ergibt zwei Drittel feine Grillage und ein Drittel grobe Grillage.)
Drei Viertel der Buttercreme mit der feinen Grillage abrühren und die Torte füllen. Außen mit Buttercreme glatt einstreichen, mit grober Grillage einstreuen.
Mit einer dünnen Tülle Ornamente dressieren.
Einen Teil der erwärmten Tunkmasse mit Wasser eindicken und mittels einer Schablone, die unter Pergamentpapier liegt, Herzumrandungen aufspritzen. Mit restlicher, flüssiger Tunkmasse das Innere der Herzen füllen.
Nach dem Erkalten die Herzen vom Papier lösen und die Torte damit garnieren.

Erdbeer-Baiserherzen

2 Eiklar
70 g Feinkristallzucker
50 g Staubzucker
10 g Stärkemehl
10 g gehobelte, geröstete Mandeln

500 g Erdbeeren

1 Pkt. Haas-Tortengelee
50 g Zucker
¼ l Wasser

Das Eiklar zunächst ohne Zucker aufschlagen und nach und nach den Zucker einrieseln lassen. Den Staubzucker und das Stärkemehl mit einem Kochlöffel unter den Schnee ziehen.
Die Masse in einen Spritzbeutel mit runder Lochtülle füllen und herzförmige Törtchen auf ein Pergament- oder Backtrennpapier dressieren. Mit gehobelten, gerösteten Mandeln bestreuen und bei halbgeöffnetem Rohr (ca. 120 Grad) 3 Stunden backen, bei abgeschaltetem Rohr über Nacht trocknen lassen.
Tortengelee mit Wasser und Zucker aufkochen, abkühlen lassen und damit die mit Erdbeeren belegten Törtchen überziehen.
Frisch servieren, denn die Feuchtigkeit der Erdbeeren würde die Törtchen auflösen.

Die Rezepte für die Muttertagstorte und den Kaffeekuchen auf der vorhergehenden Doppelseite finden sich auf Seite 149

Kakao-Nuss-Torte

160 g Butter
8 Eidotter
1 Pkt. Haas-Vanillinzucker
Prise Salz
etwas Zimt
8 Eiklar
160 g Feinkristallzucker
80 g Kuchen- oder Semmelbrösel
180 g geriebene Walnüsse

Nußbuttercreme:
120 g Butter (oder Margarine)
40 g Staubzucker
50 g geriebene Walnüsse
1 Eßl. Rum

zum Ausfertigen:
Haselnüsse, Kakao,
50 g Kochschokolade oder Tunkmasse
etwas geriebene Walnüsse

Butter, Vanillinzucker, Salz und Zimt schaumig rühren, nach und nach die Eidotter beigeben. Eiklar und Zucker zu Schnee schlagen, davon die Hälfte in die Buttermasse einrühren. Brösel, Walnüsse und den restlichen Schnee dazugeben und locker unterziehen. Die Masse in eine Tortenform füllen und bei ca. 170 Grad 1 Stunde backen. Auskühlen lassen.

Für die Creme die Butter mit dem Staubzucker gut schaumig rühren, die geriebenen Walnüsse und den Rum dazugeben und kurz verrühren.
Anschließend die Torte zweimal durchschneiden und mit Nußbuttercreme nicht zu dick füllen. Mit einem Teil der restlichen Creme die Torte einstreichen.
Auf der Seite mit grobgeriebenen, gerösteten Haselnüssen einstreuen.
Die Oberfläche mit Kakao bestreuen, einteilen und mit dem Rest der Nußbuttercreme auf jedes Stück einen Tupfer spritzen und ein Schokoladeplättchen auflegen.

Schokoladeplättchen:
Kochschokolade im Wasserbad auflösen, auf Pergamin aufstreichen, mit geriebenen Nüssen bestreuen. Stocken lassen und mit einem warmen runden Ausstecher Plättchen ausstechen.

Haselnusstorte

6 Eiklar
180 g Feinkristallzucker
180 g feingeriebene Haselnüsse oder Mandeln
40 g Mehl

Creme:
180 g Butter
60 g Staubzucker
4 Eßl. Rum oder Weinbrand
30 g Kochschokolade

Dekor:
Schokoladespäne

Das Eiklar mit dem Zucker zu Schnee schlagen, die Haselnüsse und das Mehl unterziehen.
Etwa drei Backbleche (kommt auf die Größe an) leicht befetten und mit Mehl bestäuben, mit einem Tortenreifen 6 Ringe anzeichnen, die Masse aufteilen und mit einer Tortenpalette verstreichen. Bei ca. 150 Grad und leicht geöffnetem Rohr goldgelb backen. Nach dem Backen die Böden sofort vom Blech lösen und auskühlen lassen.

Für die Creme die Butter leicht erwärmen, mit Staubzucker gut schaumig rühren, Rum hinzufügen.
Die Böden mit einem Tortenreifen vorsichtig zurechtschneiden, mit zwei Dritteln der Creme zusammensetzen, kühl stellen.
Etwas Schokolade auflösen (nicht zu warm), in die restliche Buttercreme einrühren und die Torte damit einstreichen. Mit Schokoladespänen dekorieren.

Mandarinentorte

180 g Rohmarzipan
1 Eßl. Wasser, Prise Salz
5 Eidotter
½ Pkt. Haas-Vanillinzucker
Schale einer halben Zitrone
4 Eiklar
100 g Staubzucker
30 g Stärkemehl
70 g Mehl
30 g Butter
150 g Mandarinenspalten
etwas Kristallzucker

Tränke:
40 g Kristallzucker
1½ dl Wasser
4 Eßl. Grand Marnier

Creme:
20 g Schokolade
20 g Haas-Vanille-Creme
4 g Staubzucker
2 dl Obers

Dekor:
100 g Bitterschokolade
100 g Cornflakes

Rohmarzipan, Wasser, Salz, Vanillinzucker, Zitronenschale und Eidotter schaumig rühren. Das Eiklar mit dem Zucker zu Schnee schlagen und unter die Marzipanmasse ziehen. Stärkemehl und Mehl versieben und unterrühren, zuletzt vorsichtig die zerlassene Butter und die abgetropften Mandarinenspalten einrühren. In eine Tortenform füllen und bei 180 Grad ca. 45 Minuten backen. Die leicht überkühlte Torte mit Kristallzucker bestreuen und stürzen.

Kristallzucker in Wasser und Grand Marnier auflösen und die erkaltete Torte damit tränken.

Für die Creme die erwärmte Schokolade mit der Vanillecreme (laut Anweisung zubereiten) und dem Staubzucker glattrühren und das geschlagene Obers unterrühren. Mit dieser Creme die Oberseite der Torte rasch etwa 1 cm hoch bestreichen. Die Seitenflächen nur leicht einstreichen.
Die erwärmte Schokolade mit den Cornflakes mischen und mit einem Teelöffel kleine Häufchen auf Pergamentpapier setzen. Kalt stellen, vom Pergamentpapier lösen, die Torte damit garnieren.

Mandeltorte

6 Eidotter
70 g Rohmarzipan
40 g Staubzucker
2 Eßl. Wasser, Prise Salz
Schale einer halben Zitrone
etwas Zimt
30 g Stärkemehl
6 Eiklar
100 g Staubzucker
100 g Mehl
100 g ungeschälte Mandeln
2 Eßl. Öl

Fülle:
50 g Marzipan
30 g Aranzini, gehackt
2 dl Cointreau
2 Eßl. Wasser

Creme:
150 g Milchschokolade
1/16 l Obers

Dekor:
150 g Milchschokolade
50 g Bitterschokolade
Staubzucker

Marzipan mit etwas Eidotter glattarbeiten, dann mit den restlichen Dottern, Zucker, Wasser und Geschmackszutaten sowie dem Stärkemehl schaumig rühren. Eiklar mit Zucker zu Schnee schlagen, beide Massen mischen, das gesiebte Mehl und die geriebenen Mandeln einrühren und zuletzt das Öl unterziehen.
Die Masse in eine gebutterte, bemehlte Tortenform füllen und bei 180 Grad ca. 60 Minuten backen.
Den Tortenboden zweimal durchschneiden.
Für die Fülle alle Zutaten glatt abarbeiten. Die Torte damit füllen.
Die erwärmte Milchschokolade mit dem flüssigen Obers verrühren und damit die Torte dünn einstreichen. Nachdem die Torte kurz gekühlt wurde, restliche Creme auf die Torte auftragen, mit einem Wellenkamm (es kann auch ein steifer Karton in 1 cm breite Zacken geschnitten werden) ein Muster ziehen. Die Oberfläche der Torte mit erwärmter Bitterschokolade bepinseln. Den Rand der Torte mit erwärmter Milchschokolade bestreichen. Die Mitte der Torte mit Staubzucker bestreuen.

Zigeunerschnitten

80 g Butter
50 g Staubzucker
5 Eidotter
50 g Schokolade
5 Eiklar
80 g Feinkristallzucker
100 g Mehl

Pariser Creme:
3 dl Obers
300 g Schokolade

zum Ausfertigen:
ca. 200 g Schokoladefettglasur
1 Eßl. Pistazien

Butter und Staubzucker schaumig rühren. Eidotter nach und nach beifügen, leicht erwärmte Schokolade dazugeben. Eiklar und Feinkristallzucker zu Schnee schlagen und in die Buttermasse einrühren. Mehl dazugeben, Masse auf ein gefettetes, bestäubtes Blech streichen und bei 200 Grad ca. 12 Minuten backen, sofort vom Blech lösen und in 7 cm breite Streifen schneiden, auskühlen lassen.
Streifen mit Pariser Creme füllen und glatt einstreichen.
Für die Creme Obers aufkochen, gehackte Schokolade dazugeben, so lange rühren, bis keine Bröckchen mehr vorhanden sind. Kühl stellen, bis die Creme anzieht. Kurz vor Gebrauch mit einer Schneerute aufschlagen.
Die Schnitten mit erweichter Schokoladefettglasur glasieren, mit etwas Schokoladeglasur überspritzen und mit Pistazien bestreuen.

Ischler Törtchen

100 g Staubzucker
200 g Butter
300 g Mehl
½ Pkt. Haas-Vanillinzucker
Schale einer halben Zitrone
1 Ei

Creme:
¼ l Obers
250 g Schokolade oder Tunkmasse

150 g Preiselbeermarmelade oder Kirschkonfitüre
250 g Schokoladefettglasur oder Tunkmasse
60 g Milchschokolade

Aus den Zutaten rasch einen Mürbteig kneten, 1 Stunde kühl stellen.
Teig ca. 2–3 mm dick ausrollen, Scheiben von ca. 8 cm Durchmesser ausstechen, auf ein Blech legen, mit einer Gabel einstechen und bei 210 Grad goldgelb backen, auskühlen lassen.

Für die Creme Obers aufkochen, zerkleinerte Schokolade dazugeben und so lange rühren, bis diese sich aufgelöst hat. Ca. 1 Stunde in den Kühlschrank stellen.
Creme leicht aufschlagen. Mit einer Lochtülle auf die halbe Menge der Mürbteigscheiben einen 1 cm hohen Kreis dressieren, die Mitte mit Preiselbeermarmelade oder Kirschkonfitüre ausfüllen. Eine Mürbteigscheibe aufsetzen. Die Törtchen mit erweichter Schokoladefettglasur oder Tunkmasse glasieren und mit Milchschokolade überspritzen.

Torten zu Familienfesten

Hochzeitstorte

Biskuit:
12 Eier
360 g Feinkristallzucker
1 Pkt. Haas-Vanillinzucker
Schale einer halben Zitrone
240 g Mehl
160 g Stärkemehl

Buttercreme (siehe Rezept Ostertorte mit Marzipanei, Seite 48) mit beliebigem Geschmack

300 g Marillenmarmelade
5 Blatt Gelatine
60 g Wasser
40 g Stärkesirup (Fachhandel oder Apotheke)
ca. 1 kg Staubzucker

2 Eiklar
500 g Staubzucker
Saft einer halben Zitrone

Pistazien

Eidotter mit halber Zuckermenge und den Geschmackszutaten schaumig rühren. Eiklar mit restlichem Zucker zu festem Schnee schlagen und in die Dottermasse heben. Zuletzt das gesiebte Mehl und das Stärkemehl einziehen. Die Masse in einen Reifen mit ca. 30 cm Durchmesser sowie einen mit 15 cm Durchmesser füllen und im Rohr bei 160 Grad langsam backen. Da meist keine Tortenreifen in dieser Größe zur Verfügung stehen, kann man auch entsprechende Kasserollen verwenden. (Den Boden mit Papier belegen!)
Nach dem Backen die Torten vom Rand lösen und auf eine mit Kristallzucker bestreute Arbeitsfläche stürzen.
Am nächsten Tag mit Buttercreme füllen und über Nacht kühlen.

Die Torten mit heißer Marillenmarmelade bestreichen. Gelatine, Wasser und Stärkesirup im Wasserbad auflösen und so lange mit Staubzucker abkneten, bis eine marzipanähnliche Masse entsteht. Diese nach jedem Arbeitsvorgang sofort abdecken, da sie sonst trocknen würde. Den Gelatinezucker 5 mm stark und 40 cm rund ausrollen und über die Torte legen. An den Seiten hinunterstreichen und die Kanten zurechtschneiden.
Die kleine auf die große Torte stellen und die unteren Ränder mit einem längeren, mit einer Gabel geriffeltem Stück Gelatinezucker abdecken.
Aus einem ausgerollten Stück Gelatinezucker mittels Schablone zwei Herzen und aus dem Rest zehn Blätter ausschneiden.
Blätter und Herzen sollten ca. 12 Stunden gut trocknen, die Blätter auf einer Schräge.
Eiklar mit Staubzucker und Zitronensaft zu einer spritzfähigen Masse rühren, in eine Tüte aus Butterbrotpapier füllen. Ornamente auf die Torte spritzen. Zuletzt etwas Eiklar steif schlagen und mit einem Kochlöffel so viel Staubzucker unterrühren, bis eine sehr standfeste Masse entsteht.
Etwas davon auf die obere Torte auftragen, die Blütenblätter formen, einen schönen Tupfen aufdressieren und die zwei Herzen auf diesem Tupfen fixieren. Trocknen lassen und die Torte mit Pistazien garnieren.

Die Rezepte für die Griotte-Torte und die Bacardi-Obers-Torte auf der vorhergehenden Doppelseite finden sich auf Seite 150

Nougat-Schichttorte

7 Eier
100 g Staubzucker
Schale einer halben Zitrone
½ Pkt. Haas-Vanillinzucker
50 g Mehl
50 g Stärkemehl
50 g Butterschmalz

Creme:
125 g Butter
40 g Staubzucker
50 g Nougat oder geröstete, feingeriebene Haselnüsse

ca. 150 g Schokoladeglasur

Eier mit Zucker, Vanillinzucker und Zitronenschale im Wasserbad gut warm schlagen, anschließend kalt schlagen (die Masse muß steif und cremig sein). Das Mehl und Stärkemehl vorsichtig unterheben, zum Schluß das heiße Butterschmalz einrühren.
Bleche mit Butter bestreichen, mit Mehl bestäuben und mit einem Tortenreifen 6 Ringe markieren.
Die Masse aufteilen und verstreichen. Die Tortenböden im vorgeheizten Rohr bei 220 Grad ca. 10 Minuten backen. Nach dem Backen die Böden sofort vom Blech lösen, mit Zucker bestreuen, umdrehen und auskühlen lassen.

Für die Creme die Butter ein wenig erwärmen und mit dem Zucker schaumig rühren, zum Schluß den Nougat (falls er fest ist, nicht zu warm auflösen) oder geröstete, feingeriebene Haselnüsse dazugeben.
Die Böden mit einem Tortenreifen ausstechen, mit der Creme zusammensetzen, mit der restlichen Creme dünn verstreichen und die Torte ca. 1 Stunde im Kühlschrank kalt stellen.
Die Schokoladeglasur vorsichtig erwärmen (Körpertemperatur) und die Torte glasieren. Etwas anziehen lassen und mit Schokolade aufspritzen.

Schokolade-Rehrücken

130 g Butter
110 g Staubzucker
6 Eidotter
130 g Schokolade
6 Eiklar
110 g Feinkristallzucker
130 g Mehl

Pariser Creme:
1½ dl Obers
150 g Tunkmasse oder Kochschokolade

ca. 200 g Schokoladeglasur (Fettglasurmasse)
Pistazien oder Mandeln

Butter mit Staubzucker schaumig rühren, Eidotter nach und nach dazugeben, leicht erwärmte Schokolade einrühren.
Eiklar mit Zucker zu Schnee schlagen und unter die Buttermasse heben. Mehl unterziehen.

Die Masse in eine ausgebutterte, mit Mehl bestäubte Rehrückenform geben und bei 170 Grad ca. 45 Minuten backen. Auskühlen lassen.

Für die Creme Obers aufkochen, Tunkmasse oder Kochschokolade darin auflösen und kühl stellen. Wenn die Creme gestockt ist, kurz mit einer Schneerute schaumig rühren und sofort verwenden.

Den Rehrücken zweimal durchschneiden, mit Pariser Creme füllen und dünn einstreichen. Kurz kühl stellen und mit Schokolade glasieren, etwas anziehen lassen, mit Schokolade dünn überspritzen und mit gehackten Pistazien oder Mandeln bestreuen.

Namenstagstorte

1 Torte (am besten die Zwergorangen-Cremetorte, siehe Seite 82)
100 g Marillenmarmelade
1 Becher Zuckerglasur (Fondant)
100 g Rohmarzipan
100 g Staubzucker
100 g Kuvertüre (Tunkmasse)
gelbe Lebensmittelfarbe

Die Torte mit heißer Marillenmarmelade überziehen.
Die Zuckerglasur im Wasserbad erwärmen, wenn nötig mit Wasser verdünnen und die Torte damit glasieren.
Rohmarzipan mit Staubzucker verkneten und eine Kugel von 4 cm Durchmesser formen.
Von der Kugel den Rüssel des Elefanten wegformen und mit einem Messer einkerben. Etwas Marzipan mit erwärmter Tunkmasse einfärben, ausrollen und die Ohren ausschneiden. Restliche Tunkmasse mit ein paar Tropfen Wasser eindicken.
Mit einer Tüte aus Butterbrotpapier, gefüllt mit Spritzglasur, Randornamente, Namenszug, Augen, Augenbrauen und Schildchenhalterung aufspritzen. Restlichen Marzipan mit Lebensmittelfarbe gelb färben, dünn ausrollen, ein Bändchen flechten.

Buchstabenwürfel

1 Biskuittorte (am besten die Muttertagstorte, siehe Seite 149)
50 g Feinkristallzucker
3 Eßl. Wasser
1 dl Rum
150 g Marillenmarmelade
1 Becher weiße Zuckerglasur (Fondant)
etwas Himbeersirup oder rote Lebensmittelfarbe

Die Biskuittorte in Würfel von 3 x 3 cm schneiden.
Zucker und Wasser aufkochen, mit Rum versetzen und die Würfel mit einem Pinsel damit beträufeln.
In heiße Marillenmarmelade tunken, damit die Poren verschlossen werden und die Glasur schön glänzt.
Die Zuckerglasur im Wasserbad lauwarm erwärmen, eventuell mit einigen Tropfen Wasser verdünnen und die Törtchen damit überziehen.
Etwas übriggebliebene Glasur mit Wasser verdünnen, in ein Tütchen aus Butterbrotpapier abfüllen und dünn die Umrandung der einzelnen Buchstaben spritzen.
Mit passierter und erwärmter Marillenmarmelade, die mit Himbeersirup oder roter Lebensmittelfarbe eingefärbt wurde, ausfertigen.

HANS
K
L
A
U
S

Torte für ein Kinderfest

1 Torte nach Wahl (am besten Mandeltorte, siehe Seite 66)
etwas Marillenmarmelade
1 Becher Schokoladeglasur
50 g Rohmarzipan
50 g Staubzucker
Himbeersirup zum Färben

Spritzglasur:
1 Eiklar
etwas Staubzucker

50 g Schokolade
3 kandierte Kirschen

Die Torte mit erwärmter, dickflüssiger Marillenmarmelade bestreichen, anschließend mit lauwarmer Schokoladeglasur dünn überziehen und die Glasur in einem offenen Backrohr (kleinste Einstellung) trocknen lassen.
Staubzucker und Marzipan verkneten und dünn für das Schriftplättchen ausrollen. Restlichen Marzipan mit Himbeersirup rosa färben, ausrollen und das Gesicht formen.
Etwas Eiklar mit Staubzucker zu einer dicken Masse rühren und mit einem Tütchen aus Butterbrot- oder Pergamentpapier obere Randgarnierung und Indianer formen.
Die erwärmte Schokolade mit etwas Wasser verrühren und Schriftzug spritzen. Die Torte mit geviertelten kandierten Kirschen belegen.

Die Torte kann auch mit Buttercreme (Rezept siehe Ostertorte mit Marzipanei, Seite 48) oder Marmelade gefüllt werden.

Indianer

4 Eidotter
50 g Mehl
50 g Stärkemehl
½ Pkt. Haas-Vanillinzucker
5 Eiklar
70 g Feinkristallzucker

100 g Marillenmarmelade
1 Becher Schokolade-Zuckerglasur
⅛ l Obers

1 Eiklar
120 g Staubzucker
etwas Himbeersirup oder rote Lebensmittelfarbe
5 kandierte Kirschen
einige Pistazien

Eidotter mit etwa zwei Drittel des Stärkemehls und dem Vanillinzucker glattrühren.
Eiklar zu Schnee schlagen, mit Feinkristallzucker gut ausschlagen, mit Dottermasse, Mehl und restlichem Stärkemehl mischen. Auf Backtrennpapier mit Spritzsack (glatte Tülle) entsprechend große Krapfen dressieren, bei eingehängter Backrohrtür rasch anbacken, dann etwas langsamer bei 180 Grad ca. 20 Minuten ausbacken.
Erkaltet vom Papier lösen, mit spitzem Messer etwas aushöhlen, je zwei zusammensetzen, mit warmer Marillenmarmelade und danach mit Schokolade-Zuckerglasur überziehen.
Bei lauer Temperatur im Rohr etwas trocknen lassen, in Dessertkapseln setzen, die beiden Hälften trennen, mit leicht gesüßtem Schlagobers füllen und wieder zusammensetzen.
Das Eiklar mit Staubzucker und etwas Himbeersirup oder roter Lebensmittelfarbe zu einer dicklichen Spritzglasur rühren und mittels eines Tütchens aus Butterbrotpapier einen lustigen Mund auf die Indianer spritzen. Mit kandierten Kirschen und Pistazienhälften Augen und Nase formen.

UNSEREM HÄUPTLING!

Kinder-Geburtstagstorte

5 Eidotter
1 Ei
100 g Feinkristallzucker
Messerspitze Zimt
½ Pkt. Haas-Vanillinzucker
5 Eiklar
100 g Feinkristallzucker
180 g geriebene Haselnüsse
40 g Brösel
30 g Mehl

Creme:
2 dl Milch
100 g Feinkristallzucker
20 g Haas-Puddingpulver
Vanille
1 Eidotter
250 g Butter
50 g Staubzucker
etwas Nescafé
2 Eßl. Weinbrand

150 g Rohmarzipan
Schokoladespritzglasur

Eidotter mit dem ganzen Ei, dem Zucker und den Geschmackszutaten schaumig rühren. Eiklar mit restlichem Zucker zu Schnee schlagen, unter die Dottermasse mischen, Mehl, Brösel und geriebene Haselnüsse vorsichtig darunterheben. Masse in einen Tortenreifen füllen, im vorgewärmten Rohr bei 180 Grad ca. 40 Minuten backen, auskühlen lassen.

Für die Creme Puddingpulver mit ein wenig Milch und Eidotter glattrühren. Restliche Milch mit Zucker aufkochen, Pudding einrühren, kurz aufkochen, kalt stellen.
Butter mit Staubzucker schaumig rühren, Vanillepuddingcreme passieren und mitrühren. Ein Drittel der Creme beiseite stellen. Nescafé mit Weinbrand auflösen, zur restlichen Creme dazugeben.

Torte zweimal durchschneiden, mit der Kaffeecreme füllen und einstreichen. Marzipan ausrollen, 5 cm breite Streifen schneiden, den Tortenrand eindecken.
Mit weißer Creme Tupfen und Enten dressieren. Mit Schokoladespritzglasur dekorieren.

Kleine Schokoladetörtchen

5 Eier
150 g Feinkristallzucker
80 g Mehl
60 g Stärkemehl
25 g Kakao
2 Eßl. Öl

Creme:
¼ l Obers
250 g Tunkmasse

Dekor:
300 g Schokoladefettglasur
250 g Rohmarzipan
rote Lebensmittelfarbe
Schokoladespritzglasur
2 Pkt. bunte Zuckerln
(Smarties)

Eier mit Zucker im Wasserbad warm schlagen, kalt weiterschlagen. Mehl mit Stärkemehl und Kakao versieben und in die Eiermasse mischen, Öl vorsichtig dazumengen. Blech mit Backtrennpapier oder Pergamin belegen, Masse aufstreichen und bei 220 Grad 10 Minuten backen. Das Biskuit mit Zucker bestreuen, Pergamin auflegen, Biskuit umdrehen, auskühlen lassen.

Für die Creme Obers aufkochen, zerkleinerte Tunkmasse unter Rühren darin auflösen. Die Creme kalt stellen, vor Gebrauch leicht aufschlagen.
Aus dem Biskuit Scheiben von ca. 6 cm Durchmesser ausstechen, mit Creme zusammensetzen, verstreichen.
Marzipan mit Lebensmittelfarbe rosa färben, auf möglichst kalter Arbeitsfläche (Marmor) 2 mm dick ausrollen, Scheiben von ca. 6 cm Durchmesser ausstechen, auf die Törtchen legen.
Schokolade auflösen und die Törtchen vorsichtig bis zum Marzipan tunken, mit Spritzglasur dekorieren, mit bunten Zuckerln belegen.

ZWERGORANGEN-CREMETORTE

1 Biskuittorte (am besten die Muttertagstorte, Seite 149)
500 g Buttercreme
(siehe Rezept Ostertorte mit Marzipanei, Seite 48)
50 g Aranzini, feinst gehackt
3 Eßl. Orangenlikör
20 g Staubzucker
100 g geröstete, gehobelte Mandeln
6 Stück Zwergorangen (Kumquats)
etwas Honig
etwas Orangensaft

Die Biskuittorte zweimal durchschneiden und mit der Orangencreme, bestehend aus der Hälfte der Buttercreme, den Aranzini und dem Orangenlikör, füllen.
Mit restlicher Buttercreme die Torte einstreichen, ein Gitter auflegen und darüberzuckern.
Die Seiten mit Hobelröstmandeln einstreuen.
Kleine Buttercremerosetten mit halbierten Zwergorangen, die in Honig und Orangensaft mariniert wurden, dekorieren.

BITTERSCHOKOLADE-TORTE

3 Eiklar
150 g Feinkristallzucker
150 g Haselnüsse, gerieben

500 g Buttercreme
(siehe Rezept Ostertorte mit Marzipanei, Seite 48)
100 g Bitterschokolade

80 g Tunkmasse
Öl zum Verdünnen

Eiklar zu Schnee schlagen, mit dem Zucker gut ausschlagen, geriebene Haselnüsse einrühren.

Bleche mit Butter bestreichen, mit Mehl bestäuben. Mittels Tortenreifen auf den Blechen fünf Konturen abdrücken.
Fünf Böden ca. 5 mm dick aufstreichen und sofort nach dem Backen vom Blech lösen.
Böden im Tortenreifen mit Schokoladebuttercreme (Buttercreme, mit erwärmter Bitterschokolade versetzt) zusammensetzen, den Reifen von der Torte abziehen und die Torte sogleich glatt einstreichen. Den Rand durch ständiges Antupfen mit der Tortenpalette formen.
Mit einem kleinen Messer von einem Stück Tunkmasse Schokoladespäne abschaben und in der Mitte der Torte arrangieren.
Jedes Stück Torte mit einem Buttercremetupfen und einer Schokoladerolle garnieren.

Schokoladerollen:
Tunkmasse erwärmen, mit Öl verdünnen und sehr dünn auf einer Marmorplatte oder einem Metalltisch aufstreichen.
Mit einem schmalen Messer Rollen abschaben.

Honig-Mandel-Torte

200 g Mehl
12 g Germ
ca. $\frac{1}{16}$ l Milch
20 g Feinkristallzucker
1 Eidotter
20 g Butter
½ Pkt. Haas-Vanillinzucker
Schale einer halben Zitrone
Prise Salz

Honig-Mandel-Masse:
1 dl Obers
80 g Feinkristallzucker
30 g Honig
70 g gehobelte Mandeln

Creme:
150 g passierte Vanille-Creme (siehe Rezept Ribiselsoufflé-Torte, Seite 96)
3 Blatt Gelatine
3 dl Obers, etwas Rum

Die halbe Menge der erwärmten Milch mit der Germ glattrühren und so viel Mehl beigeben, daß ein dicker Brei entsteht. Mit etwas Mehl bestäuben und an einen warmen Platz stellen, bis sich an der Oberfläche Risse zeigen. Alle restlichen Zutaten dazugeben und grob durcharbeiten, zuletzt die heiße Butter.
Den Teig glattarbeiten und eine halbe Stunde rasten lassen, noch einmal glattrühren und mit einem Rollholz auf einen Kreis von 25 cm Durchmesser ausrollen. Auf ein Backtrennpapier (Butterbrotpapier) legen und einen Tortenreifen mit 24 cm Durchmesser daraufstellen. Mit einer Gabel in geringen Abständen einstechen und kühl stellen.
Das Obers mit dem Zucker und dem Honig zwei Minuten kochen lassen. Vom Feuer nehmen, die gehobelten Mandeln einrühren und die Masse auf den kalten Teig dünn aufstreichen.
Den Teig 15 Minuten gehen lassen und bei 180 Grad braun backen.
Für die Creme die Gelatine in kaltem Wasser aufquellen lassen, auspressen und im Wasserbad auflösen.
Die passierte Vanille-Creme mit etwas Rum glattrühren, die Gelatine einrühren und das geschlagene Obers unterziehen.
Die ausgekühlte Torte durchschneiden. Auf den unteren Teil die Creme streichen, die Decke daraufsetzen.

Mokka-Rahm-Torte

7 Eier
125 g Feinkristallzucker
1 Pkt. Haas-Vanillinzucker
Schale einer halben Zitrone
100 g Mehl
100 g Stärkemehl
80 g Butterschmalz

Creme:
160 g Mascarpone
4 Eidotter
½ Pkt. Haas-Vanillinzucker
Schale einer halben Zitrone
3 Eiklar
80 g Feinkristallzucker
$\frac{1}{16}$ l Obers
2 Blatt Gelatine

Tränke:
6 g Nescafé
(= ca. 2 kl. Päckchen)
2 Eßl. Armagnac
80 g Feinkristallzucker
$\frac{1}{16}$ l Wasser
1 Eßl. Kaffeelikör (Tia Maria)

Dekor:
50 g Kakao
8 Stk. Zwergorangen

Die Eier mit dem Zucker und den Geschmackszutaten dickschaumig rühren, das Mehl mit dem Stärkemehl versieben und in die Eimasse einrühren, zuletzt das heiße Butterschmalz vorsichtig unterrühren.
In eine Tortenform füllen und bei 180 Grad 20 Minuten backen. Die Torte nach dem Backen auf ein mit Kristallzucker bestreutes Blech stürzen und tiefkühlen.
Die tiefgekühlte Torte in fünf Teile schneiden und einen Teil in den Tortenreifen legen.
Für die Creme Mascarpone mit Eidotter, Vanillinzucker und Zitronenschale schaumig rühren. Eiklar und Zucker zu Schnee schlagen.
Gelatine in kaltem Wasser einweichen, auspressen und im Wasserbad auflösen.
Beide Massen mischen, das geschlagene Obers und die aufgelöste Gelatine vorsichtig unterrühren.
Die Creme abwechselnd mit den getränkten Biskuitscheiben in den Tortenreifen einstreichen. Zuletzt die Torte mit einer dünnen Schicht Creme abdecken.
Für die Tränke Zucker mit Wasser aufkochen, Nescafé darin auflösen und mit Armagnac und Kaffeelikör versetzen. Jede einzelne der Biskuitschichten damit tränken.
Die gut durchgekühlte Torte aus dem Reifen nehmen und mit Kakao übersieben.
Die Zwergorangen halbieren, entkernen und in gesalzenem Wasser weichkochen. Danach unter fließendem kaltem Wasser 10 Minuten auswaschen. In leicht gesüßtem Orangensaft nochmals aufkochen. Die Torte damit dekorieren.

Diabetiker-Baumkuchen-Torte

180 g Butter
50 g Fruchtzucker
7 Eidotter
Prise Salz
Schale einer halben Zitrone
½ Vanilleschote
10 Eiklar
100 g Fruchtzucker
100 g Mehl
100 g Stärkemehl

Fülle:
200 g Diät-Marzipan (Reformhaus)
1 Eßl. Rum 38%
2 Eßl. Kondensmilch, 7,5% Fett

Überzug:
120 g dunkle Diät-Nougatmasse (Reformhaus)

Dekor:
10 g dunkle Diät-Nougatmasse
etwas Rum
einige Pistazienhälften

Butter, Fruchtzucker, Salz, Zitronenschale und das Innere der Vanilleschote schaumig rühren. Nach und nach die Eidotter beigeben.
Das Eiklar mit Fruchtzucker zu Schnee schlagen und unter die Buttermasse ziehen, Vorsichtig das versiebte Mehl mit dem Stärkemehl unterheben.
Eine Teigkarte voll oder ca. drei Eßlöffel der Masse in eine mit Butterbrotpapier ausgelegte Springform streichen und in ein mit 280 Grad womöglich nur durch Oberhitze aufgeheiztes Rohr stellen, rasch goldgelb backen.
Mit diesem Vorgang Schicht für Schicht fortfahren, so daß die Masse eben mit der Springform oder dem Reifen abschließt.

Tip: Wer keinen Ofen mit Oberhitze zur Verfügung hat, kann es auch mit einem Griller im Backofen versuchen.

Die überkühlte Torte aus der Form nehmen und zweimal durchschneiden. Diät-Marzipan mit Rum und Kondensmilch glattrühren und die Torte damit füllen. Diät-Nougat erwärmen und die Torte damit überziehen. Falls der Nougat zu fest ist, mit etwas Speiseöl verdünnen.
Nun restlichen Diät-Nougat erwärmen und mit etwas Rum zu einer spritzfähigen Masse verrühren. Nougatmasse in eine Spritztülle aus Butterbrotpapier füllen und die Torte mit Ornamenten garnieren. Anschließend mit Pistazien dekorieren.

Die Torte ergibt 12 Stück.
1 Stück = 86,14 g = 32,50 g Kohlehydrate
19,80 g Fructose
21,98 g Fett
20,18 g Eiweißstoffe
1536,4 Joule = 362,6 kcal. = 2,7 Broteinheiten

Diabetiker-Topfensoufflé-Torte

Mürbteig:
100 g Mehl
50 g Erdnußfett (Frittierfett)
25 g Fruchtzucker
½ Ei
Schale einer halben Zitrone
Prise Salz
60 g Semmelbrösel

150 g Sauerkirschen
od. 1 kl. Dose Pfirsichhälften (850 g)

1000 g Magertopfen
5 Eidotter
⅜ l Milch
80 g Fruchtzucker
30 g Stärkemehl
40 g Mehl
Prise Salz
Schale einer ganzen Zitrone
½ Pkt. Haas-Vanillinzucker
60 g Butter
5 Eiklar
80 g Fruchtzucker

Für den Mürbteig die Zutaten zu einem Teig verkneten, auf Tortenformgröße ausrollen und bei 170 Grad goldgelb backen. Überkühlen lassen, einen Tortenreifen darüberstellen. Brösel aufstreuen, um das Durchweichen des Mürbteigbodens zu verhindern.
Die abgetropften Sauerkirschen oder Pfirsichhälften so auflegen, daß der Tortenrand und die Mitte frei bleiben.
Magertopfen, Eidotter, Milch, Fruchtzucker, Stärkemehl, Geschmackszutaten und flüssige Butter glattrühren. Eiklar mit Fruchtzucker zu Schnee schlagen und unter die Topfenmasse ziehen.
Die Tortenform damit auffüllen, glattstreichen und bei 200 Grad 20 Minuten anbacken. Die Torte am oberen Rand einschneiden, um ein gleichmäßiges Aufgehen zu gewährleisten. Ein Blech darüberschieben und bei 160 Grad 70 Minuten lang fertigbacken.
Zwei Stunden durchkühlen und aus dem Reifen schneiden.

Die Torte ergibt 12 Stück.
1 Stück = 140 g = 28,7 Kohlehydrate
14,0 g Fructose
11,6 g Fett
16,4 g Eiweißstoffe
1208 Joule = 286 kcal. = 2,4 Broteinheiten

Gloriette-Torte

Pariser Creme:
5 dl Obers
200 g Milchschokolade

Esterházyböden:
400 g (4 dl) Eiklar
400 g Kristallzucker
400 g Haselnüsse, gerieben
40 g kandierter Ingwer

Einstreichcreme:
50 g Butter
10 g Schokolade

Dekor:
180 g Nougatglasur
12 Windbusserl (siehe Grundrezept Schneeballen, Seite 24)

Für die Pariser Creme das Obers kurz aufkochen lassen, vom Feuer nehmen und die kleingeschnittene Schokolade darin auflösen. Wenn möglich mit einem Stabmixer kurz mixen und ca. 12 Stunden kühl rasten lassen.

Für die Esterházyböden Eiklar mit dem Zucker schaumig schlagen, die geriebenen Haselnüsse und den kandierten, kleinwürfelig geschnittenen Ingwer vorsichtig unterheben und 5 Böden in Tortenreifengröße auf ein Backtrennpapier streichen. Bei 220 Grad 10 Minuten backen, danach mit Kristallzucker bestreuen und wenden, dabei das Papier abziehen.
Die gut gekühlte Creme mit dem Stabmixer (mittlere Stufe) aufrühren und abwechselnd mit den Esterházyböden in einen Tortenreifen füllen. Nach zweistündiger Kühlung die Torte mit der Creme, die man aus der erwärmten Schokolade und schaumig gerührter Butter herstellt, dünn an der Oberfläche und den Seiten einstreichen.
Mit erwärmter Nougatglasur überziehen und mit Windbusserln garnieren.

Karottentorte

6 Eier
330 g Feinkristallzucker
250 g Haselnüsse, gerieben
250 g Karotten, fein gerieben
60 g Stärkemehl
50 g Butter

100 g Marillenmarmelade

1 Becher weiße Zuckerglasur
100 g gehobelte, geröstete Mandeln
100 g Rohmarzipan
100 g Staubzucker
rote Lebensmittelfarbe oder etwas Himbeersirup
einige Pistazien

Eidotter mit einem Drittel des Zuckers schaumig rühren, ebenso mit dem Eiklar und dem Rest des Zuckers verfahren.
Beide Massen mischen und die geriebenen Haselnüsse, die frisch geriebenen Karotten, mit dem Stärkemehl vermischt, sowie die heiße Butter unterziehen.
In eine Tortenform füllen und bei 190 Grad 50 Minuten backen.
Nach dem Backen auf ein mit Kristallzucker bestreutes Papier stürzen.
Nachdem die Torte gut durchgekühlt ist, von der Form befreien und an der Ober- und Seitenfläche gut mit heißer Marillenmarmelade bestreichen.
Die Zuckerglasur in einem Wasserbad erwärmen und mittels einer Tortenpalette oder eines Messerrückens rasch die Oberfläche der Torte damit bestreichen. Wenn die Glasur fest ist, die Stücke der Torte einteilen und die Seite mit den gehobelten Mandeln bestreuen.
Marzipan mit Staubzucker gut abkneten und mit Lebensmittelfarbe oder Himbeersirup orange einfärben und kleine Karotten formen. In jedes Stück eine halbe Pistazie stecken und die Torte damit garnieren.

Süsse Köstlichkeiten für das Sommerfest

Rhabarberkuchen

1000 g Rhabarber
250 g Butter
250 g Staubzucker
1 Pkt. Haas-Vanillinzucker
Prise Salz
Schale einer halben Zitrone
250 g Eier mit Schale (ca. 5 Stk.)
250 g Mehl
Staubzucker zum Bestreuen

Die erweichte Butter mit dem Zucker und den Geschmackszutaten schaumig rühren. Die Eier nach und nach beigeben. Zuletzt das Mehl vorsichtig mit einem Kochlöffel unter die Masse heben. Masse gleichmäßig in einen Tortenreifen einstreichen. Den Rhabarber schälen, schräg in ca. 4 cm große Stücke schneiden und die Tortenform damit auslegen. Bei 190 Grad ca. 1 Stunde backen.
Nach dem Backen den Kuchen eine halbe Stunde überkühlen lassen, mit einem kleinen Messer von der Form lösen und mit Staubzucker bestreuen.

Früchte auf Blätterteig

150 g Tiefkühlblätterteig
100 g Haas-Vanille-Creme
1 Traube blauer Weintrauben
1 Mango
3 Kiwis
250 g Himbeeren
1 Pkt. Haas-Tortengelee
50 g Feinkristallzucker

Staubzucker
gehackte Pistazien

Den Blätterteig auf eine Größe von 40 x 15 cm ausrollen und auf ein Backblech legen. Die beiden Längsseiten ca. 2 cm nach innen schlagen und mit einer Gabel andrücken.
In der Mitte sorgfältig mit einer Gabel einstechen, damit der Teig beim Backen nicht zuviel aufgeht.
Bei 180 Grad ca. 30 Minuten backen. Nach dem Überkühlen mit der laut Anleitung auf der Verpackung zubereiteten Vanille-Creme bestreichen und mit den geschnittenen, gewaschenen Früchten belegen.
Das Tortengelee mit Wasser und Zucker aufkochen, leicht überkühlen lassen und die Früchte damit überziehen.
Die Teigränder leicht anzuckern und in der Mitte gehackte Pistazien darüberstreuen.

Die Rezepte für die Obsttorte mit Grand Marnier und die Schoko-Weichsel-Roulade auf der vorhergehenden Doppelseite finden sich auf Seite 151

Himbeer-Joghurt-Roulade

4 Eidotter
10 g Feinkristallzucker
4 Eiklar
60 g Feinkristallzucker
70 g Mehl
1 Pkt. Haas-Vanillinzucker
Prise Salz
Schale einer halben Zitrone

100 g passierte Himbeeren
1 Becher Joghurt
60 g Staubzucker
7 Blatt Gelatine
2 dl Obers

1½ dl Obers
30 g Staubzucker
50 g geriebene, geröstete Haselnüsse

Eidotter und Zucker schaumig rühren. Eiklar mit dem restlichen Zucker zu steifem Schnee schlagen.
Die Schneemasse mit der Eidottermasse mischen, das Mehl mit Vanillinzucker, Salz und Zitronenschale vorsichtig unterziehen. Die Masse auf Pergamentpapier in der Größe von 30 x 50 cm streichen und bei 220 Grad etwa 10 Minuten backen. Mit Zucker bestreuen und auf Pergamentpapier stürzen.

Für die Himbeer-Joghurt-Creme das Himbeermark mit Joghurt, Zucker und aufgelöster Gelatine mischen. Bevor die Masse fest wird, das schwach geschlagene Obers unterziehen.

Von dem gekühlten Biskuit das Pergamentpapier entfernen und die Himbeer-Joghurt-Creme gleichmäßig aufstreichen. Einige Minuten warten, bis die Creme fest zu werden beginnt, erst dann zu einer Roulade formen.
Die Oberfläche mit dem mit Staubzucker geschlagenen Obers einstreichen und anschließend mit einem Streifen Pergamentpapier glatt abziehen.
Zuletzt mit den geriebenen Nüssen bestreuen.

Ribiselkuchen

400 g Butter
400 g Staubzucker
Prise Salz
1 Pkt. Haas-Vanillinzucker
400 g Eier (mit Schale gewogen)
400 g Mehl
400 g Ribisel
Staubzucker zum Besieben

Die erweichte Butter mit Zucker, Vanillinzucker und Salz schaumig rühren und nach und nach die Eier beigeben.
Vorsichtig das Mehl unterheben und die Masse auf ein bebuttertes, bestäubtes Blech in der Größe von ca. 30 x 50 cm aufstreichen. Die Ribiseln darauf verteilen und bei 190 Grad ca. 1 Stunde backen. Mit Staubzucker bestreuen.

Zucker

Ribiselsoufflé-Torte

1 Biskuitboden (siehe Rezept Himbeer-Joghurt-Roulade, Seite 94)
150 g passierte Vanille-Creme
400 g Ribisel

Passierte Vanille-Creme:
1 Pkt Haas-Puddingpulver Vanille
½ l Milch
3 Eßl. Feinkristallzucker
¼ l Obers

Soufflémasse:
4 dl Milch
50 g Butter
3 Eidotter
10 g Feinkristallzucker
40 g Haas-Vanille-Creme
3 Eiklar
90 g Zucker

Den Biskuitboden (ca. 2 cm Höhe) in einen Tortenreifen legen und mit der überkühlen Vanille-Creme bestreichen.
Für die passierte Vanille-Creme aus Puddingpulver, Milch und Zucker einen Pudding kochen, abkühlen lassen, durch ein Sieb passieren und mit dem steif geschagenen Obers verrühren.
Die Ribisel daraufstreuen, die Soufflémasse darüberstreichen und bei ca. 280 Grad goldgelb überbacken.

Für die Soufflémasse Milch, Butter, die kleine Menge Zucker, Eidotter und Vanille-Creme-Pulver abkochen und sofort den leicht geschlagenen Schnee (Eiklar und große Menge Zucker) vorsichtig unterziehen.

Weichseltorte

1 Pkt. Tiefkühlblätterteig
30 g Haas-Vanille-Creme-Pulver
80 g Kristallzucker
1½ dl Weichselsaft
350 g Kompottweichseln
2 Blatt Gelatine
2 Eßl. Rum
140 g passierte Vanille-Creme (siehe Rezept Ribiselsoufflé-Torte auf dieser Seite)
½ Pkt. Haas-Vanillinzucker
¼ l Obers

Dekor:
40 g Erdbeermarmelade
100 g Fondant
etwas Cherry Brandy oder Himbeersaft
12 kandierte Kirschen
12 Mimosen (Fachhandel)

Blätterteig vorschriftsmäßig auftauen, 2 Böden mit etwa 26 cm Durchmesser ausschneiden, auf ein Backblech legen, einstechen und bei 180 Grad gut durchbacken. Mit einem Tortenreifen (24 cm Durchmesser) ausstechen. Das weniger schöne Blatt in den Tortenreifen legen. Vanille-Creme-Pulver und Zucker mit etwas Weichselsaft glattrühren, in den restlichen kochenden Saft einrühren und auf den Blätterteigboden verteilen. Kühl stellen.
Gelatineblätter in kaltem Wasser quellen lassen, ausdrücken, mit Rum leicht erwärmen, mit Vanille-Creme und Vanillinzucker glattrühren. Obers locker einrühren. Die Creme auf die gestockten Weichseln gießen, glattstreichen. Nach dem Kühlen den Reifen entfernen.
Das Deckblatt mit Erdbeermarmelade bestreichen, mit warmem Fondant, der mit etwas Cherry Brandy oder Himbeersaft rosa gefärbt wurde, dünn glasieren. Wenn der Fondant schnittfest ist, wird er auf die Torte aufgelegt.
Mit kandierten Kirschen und Mimosen garnieren.

Weincreme-Roulade

3 Eier
50 g Feinkristallzucker
1 Pkt. Haas-Vanillinzucker
Prise Salz
20 g Stärkemehl
30 g Mehl

Weincreme:
1 Blatt Gelatine
1½ dl Weißwein
80 g Feinkristallzucker
Saft und Schale einer halben Zitrone
3 Eidotter
4 dl Obers

Dekor:
halbierte Weintrauben

Eier mit dem Zucker und den Geschmackszutaten dickschaumig rühren. Das Mehl mit dem Stärkemehl sieben und in die Eiermasse einrühren. Ein Backblech mit Pergamin belegen, die Masse verstreichen (ca. 40 cm lang und 25 cm breit). Im vorgewärmten Backrohr bei 200–220 Grad etwa 8 Minuten backen. Nach dem Backen die Roulade mit Zucker bestreuen, mit Pergamin bedecken, umdrehen, auskühlen lassen.

Für die Weincreme die Gelatine in kaltem Wasser einweichen. Weißwein mit Zucker, Zitronensaft und Schale aufkochen, in die Eidotter einrühren. Die eingeweichte Gelatine ausdrücken und dazugeben, verrühren und kalt stellen. Wenn die Creme sülzt, vorsichtig das geschlagene Obers unterziehen.
Von der Roulade das obere Papier abziehen, die Weincreme daraufgeben und verstreichen (am Rand etwas dünner, in der Mitte etwas dicker).
Die Roulade kurz in den Kühlschrank stellen, damit die Creme etwas stockt, nachher fest einrollen und kalt stellen.
Aufschneiden, mit Staubzucker bestreuen und mit halbierten Weintrauben dekorieren.

Erdbeer-Joghurt-Roulade

5 Eier
80 g Feinkristallzucker
1 Pkt. Haas-Vanillinzucker
Prise Salz
40 g Stärkemehl
60 g Mehl

Fülle:
80 g Erdbeermark (frische, gewaschene, passierte Erdbeeren)
1 Becher Joghurt
80 g Staubzucker
6 Blatt Gelatine
2 dl Obers
Saft einer halben Zitrone

ca. 150 g gewaschene, entstielte, halbierte Erdbeeren als Einlage und als Dekor

Eier mit dem Zucker und den Geschmackszutaten schaumig rühren. Das Mehl mit dem Stärkemehl sieben und in die Eiermasse einrühren.
Ein Backblech mit Pergamin belegen, die Masse daraufgeben und mit einer Tortenpalette verstreichen (ca. 40 cm lang, 25 cm breit). Im vorgewärmten Backrohr bei ca. 220 Grad nicht zu dunkel backen, da die Roulade sonst zu trocken wird und beim Einrollen bricht.
Nach dem Backen die Roulade mit Zucker bestreuen, mit Pergamin bedekken, umdrehen, auskühlen lassen.

Für die Fülle die Gelatine in kaltem Wasser einweichen, ausdrücken und vorsichtig erwärmen. Erdbeermark, Joghurt, Staubzucker und Zitronensaft verrühren. Die erwärmte Gelatine (soll sehr warm sein) und ein Drittel des geschlagenen Obers rasch und fest mit der Grundmasse verrühren, das restliche Obers dazugeben und vorsichtig mit einer Schneerute unterziehen.
Das obere Papier der Roulade abziehen, die Erdbeercreme auf die Roulade geben und verstreichen (am Rand etwas dünner).
Die gewaschenen, entstielten, halbierten Erdbeeren in der Mitte auflegen. Die Creme etwas stocken lassen (im Kühlschrank 5–10 Minuten), einrollen und kühl stellen. Aufschneiden, mit Staubzucker bestreuen und jeweils eine halbe Erdbeere als Dekor auflegen.

Birnen-Cointreau-Terrine

130 g Milchschokolade
1 dl Cointreau
10 Blatt Gelatine
5 Eidotter
10 g Feinkristallzucker
Prise Salz
½ Pkt. Haas-Vanillinzucker
1 Eiklar
30 g Zucker
3 dl Obers

1 Biskuitboden (siehe Rezept Cassis-Charlotte auf dieser Seite)
1 kl. Dose Birnenkompott

1½ dl Obers
50 g geriebene Haselnüsse

Die Schokolade im Wasserbad auflösen und mit dem Likör verrühren.
Gelatine in kaltem Wasser aufquellen lassen, ausdrücken und erwärmen.
Eidotter, Zucker und Geschmackszutaten schaumig rühren, die Gelatine einrühren.
Das Eiklar mit dem Zucker schaumig schlagen und mit der aufgelösten Schokolade unter die Dottermasse ziehen. Zuletzt das geschlagene Obers vorsichtig unterheben.
Die halbe Masse in eine mit Biskuit ausgelegte Form füllen und die blättrig geschnittenen Birnen einlegen.
Mit restlicher Creme auffüllen und wiederum mit Biskuit abschließen.
Die gut durchgekühlte Terrine in heißes Wasser tauchen und aus der Form stürzen.
Auf die Oberseite geschlagenes Obers streichen und mit einem Stück Papier rund abstreichen.
Die Haselnüsse auf ein Blech geben, gut rösten, überkühlen lassen und locker über das Obers streuen.

Cassis-Charlotte

Biskuitboden:
4 Eidotter
10 g Feinkristallzucker
½ Pkt. Haas-Vanillinzucker
Prise Salz
Schale einer halben Zitrone
4 Eiklar
70 g Feinkristallzucker
70 g Mehl

Creme:
250 g Ribisel
90 g Feinkristallzucker
8 Blatt Gelatine
½ Becher Joghurt
1 dl Creme de Cassis
4 dl Obers

Dekor:
1½ dl Obers
50 g Meringue-(Windbäckerei-) Brösel
2 frische Feigen

Eidotter mit Zucker und Geschmackszutaten schaumig rühren, mit dem Schnee aus Eiklar und Kristallzucker mischen. Das Mehl vorsichtig unterziehen und die Masse auf Pergamin (ca. 25 x 30 cm) aufstreichen. Bei 220 Grad 10 Minuten goldgelb backen. Nach dem Backen mit Kristallzucker bestreuen und mit der Oberseite auf Pergamin legen – so hält das Biskuit die Feuchtigkeit.

Für die Creme die Ribisel mit dem Kristallzucker aufkochen, den Saft abseihen, die Beeren jedoch nicht zerdrücken.
Die Gelatine in kaltem Wasser aufquellen lassen, ausdrücken, im Wasserbad erwärmen und mit dem Saft der Ribiseln, Joghurt, Creme de Cassis und zuletzt den Beeren mischen.
Wenn die Flüssigkeit zu gelieren beginnt, vorsichtig das geschlagene Obers unterrühren.
Einen Biskuitstreifen in eine Charlotte-Form einlegen, die Creme einfüllen und mit Biskuit abdecken.
Mindestens 2 Stunden kühl stellen, danach die Form kurz in warmes Wasser stellen und die Charlotte herausstürzen.
Mit geschlagenem Obers an der Oberseite einstreichen und mit Meringuebröseln bestreuen.
Die Feigen in je sechs Stück schneiden und damit jede Portion garnieren.

Eistorte

1 Esterházyboden (siehe Rezept Gloriettetorte, Seite 88)

250 g Erdbeer-Eis

40 g kandierte Kürbisse
10 g Aranzini
einige Tropfen Zitronensaft
etwas Rum
1 dl Obers
10 g gestiftelte, geröstete Mandeln
10 geröstete, geschälte, grob gehackte Haselnüsse
30 g Staubzucker
½ Pkt. Haas-Vanillinzucker

1 dl Obers
50 g Meringue-(Windbäckerei) Brösel

Den Esterházyboden mit einem Reifen umstellen und das Erdbeer-Eis einstreichen. Tiefkühlen.
Früchte würfelig schneiden, mit Zitronensaft und Rum beizen. Obers schlagen, die gebeizten Früchte, Mandeln, Nüsse, Zucker und Vanillinzucker beifügen und den Tortenreifen auffüllen. Die gut tiefgekühlte Torte aus dem Reifen schneiden und die Oberfläche mit geschlagenem Obers bestreichen. Mit Meringuebröseln bestreuen.

Kaffeerollen

20 Desserthippen (Fachhandel)
1 Pkt. Nescafé (= 35 g)
1 Blatt Gelatine
10 g Staubzucker
2 dl Obers

Gelatine in kaltem Wasser einweichen, ausdrücken und mit Nescafé und Staubzucker erwärmen. Lauwarm vorsichtig in das geschlagene Obers einrühren und die Masse in die Desserthippen dressieren.
Beidseitig kurz in Nescafé tauchen.

Himbeer-Obers-Torte

1 Mürbteigboden (siehe Rezept Kleine Nußtörtchen, Seite 14)
80 g Himbeermarmelade
50 g Rohmarzipan
8 Eidotter
1 Pkt. Haas-Vanillinzucker
100 g Staubzucker
4 Eiklar
70 g Mehl
40 g Kakaopulver
50 g geschälte, geriebene Mandeln

100 g Himbeeren, tiefgekühlt
1 Becher Joghurt
60 g Zucker
Saft einer halben Zitrone
7 Blatt Gelatine
2 dl Obers

1½ dl Obers
30 g Staubzucker

Dekor:
16 schöne Himbeeren
gehackte Pistazien

Marzipanrohmasse mit 2 Eidottern cremig verrühren, dann die übrigen Eidotter, Vanillinpulver und ein Drittel des Zuckers beigeben. Die Masse schaumig rühren. Eiklar mit restlichem Zucker zu steifem Schnee schlagen. Mehl mit Kakaopulver sieben, mit den Mandeln mischen. Ein Drittel des Eischnees unter die Dottermasse rühren, dann den Rest unterheben. Die Mehlmischung vorsichtig unterziehen. Die Masse auf Pergamentpapier in Blechgröße (ca. 40 x 35 cm) streichen und bei 230 Grad etwa 10 Minuten backen.

Die aufgetauten Himbeeren (man kann natürlich auch frische verwenden) pürieren und mit Joghurt, Zucker und Zitronensaft verrühren, danach die aufgelöste Gelatine beigeben und – wenn die Masse zu stocken beginnt – das schwach geschlagene Obers unterziehen.

Vom durchgekühlten Biskuitfleck das Pergamentpapier abziehen und die Joghurtcreme gleichmäßig aufstreichen. 4 cm breite Streifen schneiden und nacheinander eng aufrollen.
Die Rollen auf den mit Himbeermarmelade bestrichenen Mürbteigboden stellen und mit einem Tortenring umgeben. Mit etwas restlicher Creme zum Rand des Tortenringes glatt abstreichen. Die Torte mindestens 2 Stunden kühlen, danach den Reifen vom Rand lösen und entfernen.
Das Obers mit dem Staubzucker steif schlagen und die Torte damit rundum einstreichen.
Die Mitte der Torte mit gehackten Pistazien bestreuen und jedes Stück mit einem Oberstupfen und einer Himbeere garnieren.

Blutorangen-Torte

1 Biskuittorte (siehe Rezept Muttertagstorte, Seite 149)
4 Blatt Gelatine
6 dl Weißwein
2 dl Grand Marnier
2 Eidotter
50 g Feinkristallzucker
Prise Salz
1 dl Zitronensaft
¼ l Obers

100 g passierte Vanillecreme (siehe Rezept Ribiselsoufflé-Torte, Seite 96)
6 Blutorangen

1 Pkt. Haas-Tortengelee
150 g geröstete, geriebene Haselnüsse

Die Biskuittorte in die Hälfte schneiden und einen Teil in einen Tortenreifen oder eine Springform legen.
Die Gelatine in kaltem Wasser einweichen. Weißwein, Grand Marnier, Eidotter, Zucker, Salz und Zitronensaft im Wasserbad heiß schlagen. Die Gelatine beigeben, kalt rühren und das leicht geschlagene Obers unterziehen. In den Tortenreifen füllen und mit dem zweiten Biskuitboden abdecken.
Nachdem die Torte gut durchgekühlt ist, mit etwas Vanille-Creme bestreichen und mit geschälten, in Scheiben geschnittenen Blutorangen belegen.
Mit dem nach Gebrauchsanweisung zubereiteten Gelee überziehen, den Tortenreifen entfernen und die Torte an der Seite mit den Nüssen einstreuen.

Rouladen-Kuppeltorte

5 Eier
120 g Feinkristallzucker
½ Pkt. Haas-Vanillinzucker
Schale einer halben Zitrone
120 g Mehl

5 Blatt Gelatine
⅛ l Milch
60 g Feinkristallzucker
½ Pkt. Haas-Vanillinzucker
Prise Salz
1 Eidotter
2 Eßl. Amaretto (Mandellikör)
¼ l Obers

150 g Marillenmarmelade zum Bestreichen

Eier, Zucker, Vanillinzucker und Zitronenschale warm (ca. 40 Grad), dann kalt schlagen, bis die Masse dickschaumig ist und nicht mehr an Volumen gewinnt, Mehl locker darunterziehen. Masse fingerdick auf Pergament aufstreichen, bei 220 Grad ca. 10 Minuten backen, mit Zucker bestreuen, Pergament auflegen, umdrehen, das untere Papier abziehen, Marillenmarmelade aufstreichen, einrollen, kühl stellen.
Die Roulade in 1 cm dicke Scheiben schneiden (die Roulade ist nach einem Tag besser zu schneiden). Eine Schüssel mit Folie auslegen, die geschnittene Roulade einlegen (ziemlich eng), mit Creme auffüllen.

Für die Creme Gelatine in kaltem Wasser einweichen. Milch, Zucker, Vanillinzucker und Salz aufkochen, in den Eidotter einrühren. Gelatine gut ausdrücken, dazugeben, verrühren, Mandellikör beigeben, kalt stellen. Wenn die Creme zu stocken beginnt, das geschlagene Obers locker unterziehen. Die Creme in die ausgelegte Kuppelform füllen, mit den restlichen Rouladenscheiben abdecken. Die Torte ca. 3–4 Stunden kalt stellen, stürzen und mit heißer Marillenmarmelade dünn überstreichen.

Schokolade-Schaumschnitten

6 Eiklar
160 g Feinkristallzucker
180 g geriebene Haselnüsse

Creme:
1½ dl Obers
200 g Milchtunkmasse

zum Bestreuen:
geröstete, gehobelte Mandeln

zum Garnieren:
3 Eiklar
70 g Feinkristallzucker

Eiklar mit Zucker nicht zu steif schlagen, Haselnüsse unterziehen, auf ein befettetes, mit Mehl bestäubtes Blech 5 mm dick aufstreichen. Bei 220 Grad ca. 12 Minuten backen. Nach dem Backen sofort 8 cm breite Streifen schneiden und vorsichtig vom Blech lösen, auskühlen lassen.

Für die Creme Obers aufkochen, geschnittene Tunkmasse dazugeben, so lange rühren, bis sich diese aufgelöst hat. Kalt stellen. Die Creme vorsichtig aufschlagen.

Die Böden mit Creme zusammensetzen, auf der Seite verstreichen, mit gerösteten, gehobelten Mandeln einstreuen, kurz in die Tiefkühltruhe oder das Tiefkühlfach stellen.

Eiklar mit Zucker zu Schnee schlagen, mit einer Sterntülle auf die Schnitten dressieren, etwas anzuckern und kurz unter starker Oberhitze (280 Grad) Farbe nehmen lassen. Rasch kühl stellen und nach einer halben Stunde aufschneiden.

Erdbeer-Joghurt-Törtchen

100 g Erdbeermark (passierte Erdbeeren)
¼ l Joghurt
60 g Feinkristallzucker
2 dl Zitronensaft
1 dl Grand Marnier
7 Blatt Gelatine
2 dl Obers

1 Biskuitboden (siehe Rezept Himbeer-Joghurt-Roulade, Seite 94)

Dekor:
30 g Feinkristallzucker
½ Pkt. Haas-Tortengelee
¼ l Wasser
Erdbeeren, Himbeeren oder Kiwis

Alle Zutaten bis auf das Obers glattrühren, die Gelatine in kaltem Wasser aufquellen lassen, ausdrücken und im Wasserbad auflösen. Die Gelatine der Joghurtmasse beigeben. Wenn die Masse zu stocken beginnt, das schwach geschlagene Obers unterrühren.
Rasch in Plastikreifen von 8 cm Durchmesser füllen, mit ausgestochenem Biskuit abdecken und kühl stellen (wenn keine Reifen zur Verfügung stehen, kann man auch Kaffeetassen oder Pastetennäpfchen verwenden).

Dekor:
Zucker, Wasser und Tortengelee lt. Anleitung auf dem Päckchen kochen und leicht überkühlen lassen. Die Törtchen aus dem Reifen oder der Form nehmen und mit Gelee überziehen (am besten mit einem Pinsel). Mit halben Erdbeeren, Himbeeren oder Kiwischeiben garnieren.

Zitronen-Joghurt-Törtchen

150 g Topfen, 20%
100 g Staubzucker
1 Eidotter
Saft und Schale einer halben Zitrone
1½ Becher Joghurt
4 Blatt Gelatine
2 dl Obers

1 Biskuitboden (siehe Rezept Himbeer-Joghurt-Roulade, Seite 94)
1 Zitrone

Topfen, Zucker, Eidotter, Zitronensaft, Zitronenschale und Joghurt verrühren, die aufgelöste Gelatine beigeben. Wenn die Masse zu stocken beginnt, das geschlagene Obers vorsichtig unterziehen.
In Plastikreifen von ca. 8 cm Durchmesser (oder Kaffeetassen, Pastetennäpfchen) füllen, mit ausgestochenem Biskuit abdecken und kühl stellen.
Die Törtchen aus dem Reifen oder der Form nehmen und mit einer dünnen Scheibe Zitrone belegt servieren.

Gebäck für Kaffee und Tee

Linzerstangerln

220 g Butter
80 g Staubzucker
1 Pkt. Haas-Vanillinzucker
Prise Salz
Schale einer halben Zitrone
1 Ei
300 g Mehl

100 g Marillenmarmelade
150 g Schokolade zum Tunken

Butter, Zucker und Geschmackszutaten gut schaumig rühren, Ei einrühren und Mehl vorsichtig darunterheben.
Aus dieser Masse mit einer Sterntülle ca. 4 cm lange Stangerln dressieren. Bei 180 Grad goldgelb backen.
Mit Marillenmarmelade zusammensetzen und mit Schokolade tunken oder überspritzen.

Nusskipferln

100 g Butter
200 g Nougatmasse
1 Ei
1 Pkt. Haas-Vanillinzucker
Prise Salz
300 g Mehl
¼ Pkt. Haas-Backpulver

Die weiche Butter mit dem Nougat gut verkneten. Das Ei, Vanillinzucker und Salz dazugeben, gut vermischen.
Mehl mit dem Backpulver versieben und nach und nach in die Nougatmasse kneten.
Den Teig 1 Stunde in den Kühlschrank stellen.
Den Backofen auf 180 Grad vorheizen, den Teig in etwa 1½ cm dicke Rollen teilen und in 5 cm lange Stücke schneiden. Kipferln formen, auf ein Backblech setzen und 10–15 Minuten backen.

Mandelschnitten

250 g Butter
150 g Staubzucker
1 Ei
Schale einer halben Zitrone
½ Pkt. Haas-Vanillinzucker
500 g Mehl
150 g geröstete Mandelstifte

Dekor:
100 g Schokoladeglasur
geröstete Mandelstifte

Butter mit Staubzucker, Ei, Zitronenschale, Vanillinzucker und Mehl zu einem Teig verkneten. Zum Schluß die gerösteten Mandelstifte unterkneten. Den Teig zu einer Rolle formen und die Rolle zu einer eckigen Stange drücken. Die Stange ca. 2 Stunden in den Kühlschrank stellen. Von der Teigstange etwa 6 mm dicke Scheiben schneiden, auf ein Backblech legen und ca. 10–15 Minuten im vorgeheizten Rohr bei 200 Grad backen, auskühlen lassen.

Die Schokoladeglasur im Wasserbad auflösen, die Mandelschnitten damit glasieren, auf die noch weiche Glasur geröstete Mandelstifte als Dekor auflegen.

Die Rezepte für die Kirschblüten, Cornflakes-Häufchen und Orangenkrapferln auf der vorhergehenden Doppelseite finden sich auf Seite 152

MEHL

Rothschildbiskotten

4 Eidotter
20 g Staubzucker
1 Pkt. Haas-Vanillinzucker
4 Eiklar
60 g Feinkristallzucker
110 g Mehl
120 g ungeschälte Mandeln

Himbeermarmelade
Fondant

Eidotter, Zucker und Vanillinzucker schaumig rühren.
Eiklar zu Schnee schlagen, mit Zucker gut ausschlagen, beide Massen mischen und Mehl unterheben.
Auf ein befettetes, bestäubtes Backblech kleine Biskotten dressieren, dicht mit grobgeriebenen Mandeln bestreuen und bei 160 Grad goldgelb backen.
Nun an der Unterseite dünn mit heißer Himbeermarmelade und leicht erwärmtem Fondant bestreichen.
Die mit Fondant glasierten Biskotten im lauwarmen Backrohr trocknen.

Sandscheiben

200 g Mehl
100 g Staubzucker
130 g Butter
1 Eidotter
½ Pkt. Haas-Vanillinzucker
Prise Salz
Schale einer halben Zitrone

1 Eiklar
etwas Kristallzucker

zum Füllen:
Marillenmarmelade

Alle Zutaten gut verkneten und aus dem Teig eine Stange von ca. 25 mm Durchmesser rollen. In die Tiefkühltruhe oder das Tiefkühlfach stellen.
Nach einer Stunde die Teigstange mit Eiklar bestreichen und in Kristallzucker rollen. In zentimetergroße Stücke schneiden. Die Stücke in größerem Abstand auf ein Blech legen, mit einem Kochlöffelstiel eine Vertiefung drücken und bei 200 Grad backen.
In die Vertiefung heiße Marillenmarmelade füllen.

Orangenplätzchen

90 g geröstete, geriebene Haselnüsse
60 g Staubzucker
20 g Aranzini, feinst gehackt
Schale einer Orange (ungespritzt)
2 Eiklar

Alle Zutaten verrühren und auf ein mit Butter befettetes Backblech Plätzchen dressieren. Die Plätzchen mit einem nassen Löffel glattdrücken und bei 170 Grad gut durchbacken. Danach sofort mit einem Messer vom Blech lösen.

Mohntorte

150 g Butter
70 g Staubzucker
Prise Salz
½ Pkt. Haas-Vanillinzucker
Schale einer halben Zitrone
4 Eidotter
170 g gemahlener Mohn
1/16 l Milch
4 Eiklar
80 g Feinkristallzucker
50 g Mehl
50 g Stärkemehl

1 Eßl. Armagnac oder Drambuie
2 dl Obers
100 g Schokoladespäne (siehe Seite 157)
etwas Zimt

Butter, Staubzucker und Geschmackszutaten schaumig rühren, nach und nach die Eidotter beigeben und Mohn abwechselnd mit Milch hinzufügen. Das Eiklar mit dem Zucker zu Schnee schlagen und mit dem Mehl, versiebt mit Stärkemehl, in die Mohnmasse einrühren.
In eine bebutterte, bemehlte Springform füllen und bei 180 Grad 45 Minuten backen.
Nachdem die Torte überkühlt ist, aus der Form nehmen und mit dem Alkohol beträufeln.
Die Oberseite der Torte dünn mit geschlagenem Obers bestreichen, Schokoladespäne darüberstreuen und kleine Oberstupfen mit Zimt aufdressieren.

Marzipan-Mandel-Torte

180 g Rohmarzipan
6 Eidotter
½ Pkt. Haas-Vanillinzucker
Prise Salz
Schale einer halben Zitrone
6 Eiklar
150 g Feinkristallzucker
90 g Mehl
90 g Butter

zum Bestreuen:
50 g gehobelte Mandeln

für das Bestreichen des Randes:
100 g Fettglasurmasse (Schokolade)
Staubzucker

Marzipan, Dotter und Geschmackszutaten schaumig rühren. Eiklar mit Zukker zu Schnee schlagen.
Beide Massen mischen und das Mehl einrühren. Vorsichtig die heiße Butter unterziehen.
Die Masse in einen Tortenreifen füllen, mit gehobelten Mandeln bestreuen und im vorgeheizten Backrohr bei 170 Grad ca. 40 Minuten backen.
Auskühlen lassen, die Schokolade auflösen und mit einem Pinsel den Rand einstreichen. Die Torte mit Zucker bestreuen.

Himbeerplunder

Plunderteig:
1 Pkt. Germ
500 g Mehl
50 g Staubzucker
½ Teel. Salz
2 Eidotter
¼ l Milch
400 g Butter

Vanille-Creme:
¼ l Milch
25 g Feinkristallzucker
1 Eidotter
½ Pkt. Haas-Vanille-Creme

½ kg Himbeeren (frisch oder tiefgekühlt)

zum Glasieren:
Marillenmarmelade
Fondant

Germ, Mehl, Zucker, Salz, Eidotter und kalte Milch zu einem glatten, mittelfesten Teig kneten und diesen abgedeckt 1 Stunde im Kühlschrank ruhen lassen.
Die temperierte Butter auf einer bemehlten Arbeitsfläche zu einer Platte von 20 x 30 cm Größe ausrollen. Den Germteig etwas mehr als doppelt so groß ausrollen, die Butterplatte auf die eine Teighälfte legen, die zweite Teighälfte darüberschlagen und den Rand fest andrücken. Fingerhoch ausrollen, dreiteilig zusammenschlagen und 10 Minuten im Tiefkühlfach ruhen lassen. Diesen Vorgang zweimal wiederholen.

Während der Rastzeiten die Vanille-Creme zubereiten:
Die Milch mit dem Zucker zum Kochen bringen, das Cremepulver mit dem Eidotter und etwas zurückbehaltener Milch glattrühren. Die kochende Milch binden und unter ständigem Rühren kräftig kochen. Nach dem Überkühlen durch ein Sieb passieren.

Den Plunderteig bis zu einer Stärke von 4 mm ausrollen und mit der Vanille-Creme bestreichen. Nun 2 cm breite Streifen schneiden und jeden Streifen im Uhrzeigersinn zusammendrehen, eine Brezel formen und diese auf ein Backblech legen. Ca. 20 Minuten gehen lassen und bei 220 Grad 15–20 Minuten backen.

Mit Himbeeren belegen, mit Marillenmarmelade überziehen und mit Fondant glasieren.

Marzipanplunder

Plunderteig
(wie Rezept Himbeerplunder)

Fülle:
250 g Rohmarzipan
50 g Marillenmarmelade
2 Eßl. Rum

zum Dekorieren:
Marillenmarmelade
Fondant
100 g Hobelröstmandeln

Den Plunderteig auf eine Größe von 75 x 35 cm ausrollen und diesen mit der Fülle (alle Zutaten gut verrühren) bestreichen. Dann von beiden Längsseiten zur Mitte hin aufrollen und Scheiben von 2,5 cm Breite schneiden. Je eine der beiden Rollen umdrehen. Auf das Backblech legen und zugedeckt gut gehen lassen.
Bei 220 Grad 15–20 Minuten schön hellbraun backen. Noch warm mit heißer Marillenmarmelade überziehen und mit Fondant glasieren. Zuletzt gehobelte Röstmandeln darüberstreuen.

Nougat-Kipferln

1 kg Mehl
1 Pkt. Germ
⅝ l Milch
20 g Salz
120 g Staubzucker
600 g Butter
1 große Tafel Nougatschokolade (Noisette)

zum Bestreichen:
1 Eidotter

Mehl, Germ, Milch, Salz und Zucker zu einem festen Teig verkneten und zu einer Kugel formen. Mit Plastik abdecken und eine halbe Stunde im Kühlschrank rasten lassen.
Die Butter zu einer Platte von 20 x 20 cm drücken und ebenfalls kühlen. Den Teig auf die bemehlte Arbeitsplatte legen und auf eine Größe von 40 x 40 cm ausrollen, den Butterziegel in die Mitte legen und die Enden darüberklappen. Die Butter muß vollständig vom Teig umhüllt sein. Das Ganze zu einer 25 x 30 cm großen Platte ausrollen, den Teig dreimal übereinanderschlagen und wieder auf die vorherige Form ausrollen. 10 Minuten im Tiefkühlfach kühlen. Diesen Vorgang zweimal wiederholen.

Den Teig zu einem Stück von 30 x 50 cm Größe ausrollen. Einige Minuten ruhen lassen und in zwei Bahnen von 15 cm Breite teilen. Daraus 12 cm breite Dreiecke schneiden und an der Schmalseite 2–3 cm tief einschneiden. (Wichtig: den Teig schneiden, *nicht* drücken!)
Auf das breite Ende ein Stück Nougatschokolade legen, die eingeschnittenen Enden nach außen ziehen und die Kipferln aufrollen.
Mit einem Tuch abgedeckt bei Raumtemperatur langsam gehen lassen.
Mit Eidotter bestreichen, bei 220–240 Grad ca. 15 Minuten knusprig braun backen.

Schokoladebrötchen

1 kg Mehl
1 Pkt. Germ
⅝ l Milch
20 g Salz
120 g Staubzucker
600 g Butter
1 Pkt. Haas-Vanillinzucker
1 Tafel Kochschokolade (ca. 300 g)

zum Bestreichen:
1 Eidotter

Zubereitung des Teiges wie bei Nougat-Kipferln.

Den Teig zu einer Größe von 34 x 50 cm ausrollen und einige Minuten rasten lassen.
In zwei Bahnen von 12 cm Breite teilen und davon jeweils Stücke von 9 cm abschneiden.
Einen kleinen Schokoladeriegel (ca. 2–3 Rippen einer Tafel) darauflegen. Das Teigende mit Eidotter bestreichen und aufrollen. Die Oberfläche ebenfalls mit Ei bestreichen und den Teig an einem warmen Ort ca. 25 Minuten aufgehen lassen.
Bei 230 Grad ca. 15–17 Minuten backen.

POCKET
BALANCE
VIENNA
KILO
REGISTERED

Körndlbrioche

Germteig:
750 g Mehl
1 Pkt. Germ.
120 g Feinkristallzucker
220 g Butter
7 g Salz
9 Eidotter
3 dl Milch
1 Pkt. Haas-Vanillinzucker
Prise Salz
Schale einer Zitrone

Aranzini-Sesam-Brioche:
100 g Aranzini, gehackt
100 g Sesam
Sesam zum Bestreuen

Rosinen-Mohn-Brioche:
80 g Rosinen
1 Eßl. Rum
100 g Mohn
Mohn zum Bestreuen

Kürbiskernbrioche:
100 g Kürbiskerne
Kürbiskerne zum Bestreuen

zum Bestreichen aller Sorten:
2 Eier
2 Eidotter

Mit etwas lauwarmer Milch, Germ und ein wenig Mehl ein dickflüssiges Dampfl ansetzen und mit Mehl überstauben.
Die übrigen Zutaten mit der restlichen Milch mischen und auf ca. 30 Grad erwärmen.
Wenn das Dampfl grobe Risse zeigt, mit allen Zutaten vermengen und sehr gut abkneten. Den Teig zugedeckt an einen warmen Ort stellen und eine halbe Stunde gehen lassen. Danach zusammenstoßen und in 3 Stücke teilen.
Ein Teigstück mit Aranzini und Sesam verkneten, eines mit in Rum eingelegten Rosinen und Mohn, das dritte mit Kürbiskernen.
Danach werden die Stücke halbiert, zu Kugeln geformt, mit dem verquirlten Eigemisch bestrichen und mit Sesam, Mohn bzw. Kürbiskernen bestreut. An einem warmen Ort aufgehen lassen, danach mit einem Messer dreimal einschneiden und bei 200 Grad 20 Minuten backen.

Walnussbrioche

500 g Mehl
½ Pkt. Germ
ca. $\frac{1}{16}$ l Wasser
5 Eier
10 g Salz
40 g Feinkristallzucker
280 g Butter
250 g gehackte Walnüsse

zum Bestreichen:
1 Ei

Das Wasser auf ca. 30 Grad erwärmen, mit der Germ und etwas Mehl zu einem dicken Brei anrühren, mit Mehl überstauben und so lange an einem warmen Ort gehen lassen, bis sich grobe Risse gebildet haben.
Alle Zutaten bis auf die Butter und die Nüsse hinzufügen und den Teig kräftig durchkneten. Dann die weiche Butter darunterwirken, bis der Teig seidig glänzt.
2 Stunden im Kühlschrank gehen lassen.
Danach den Teig mit 150 g Walnüssen zusammenkneten, halbieren und zu zwei Kugeln formen, mit einem verquirlten Ei bestreichen und mit Walnüssen bestreuen. Langsam auf das doppelte Volumen aufgehen lassen und bei 220 Grad 20 Minuten backen.

GROSSMUTTERS BACKGEHEIMNISSE

Kümmelweckerln

700 g Vollweizenmehl
4½ dl Wasser
½ Pkt. Germ (20 g)
10 g Vollsalz
10 g Kümmel

Die Zutaten ohne Kümmel 10 Minuten kräftig durchkneten, 15 Minuten an einem warmen Ort gehen lassen. Den aufgegangenen Teig wieder zusammenschlagen und den geschroteten Kümmel einarbeiten.
Zu vier langen, ca. 2½ cm dicken Rollen formen, in 5 cm breite Stücke schneiden und einzeln auf ein befettetes Backblech legen.

Nochmals 10 Minuten gehen lassen, die Oberfläche mit kaltem Wasser bestreichen, etwas Kümmel aufstreuen. Die Weckerln in den Ofen schieben. Bei 230–250 Grad ca. 20 Minuten backen (nach ca. 12–15 Minuten die Hitze abschalten).

Mandel-Hausbrot

800 g Vollweizenmehl
60 g Germ
4½ dl Wasser
2 Eßl. kaltgepreßtes Olivenöl
1 Eßl. Ahornsirup
15 g Vollsalz
1 Ei
150 g Mandeln oder Walnüsse

Das Vollweizenmehl mit der in lauwarmem Wasser aufgelösten Germ sowie den restlichen Zutaten ca. 10 Minuten lang zu einem mittelfesten Teig verkneten. Der Teig muß sich dabei vom Geschirr lösen. Zugedeckt 15 Minuten an einem warmen Ort gehen lassen. Den Teig zusammenschlagen, in zwei gleich schwere Stücke (ca. 700 g) teilen, die man zu Brotwecken formt. Diese müssen wieder zugedeckt 10 Minuten gehen, bis sich das Volumen um die Hälfte vergrößert hat.
Die Wecken mit Wasser bestreichen und mit Mandeln oder Walnüssen bestreuen, im vorgeheizten Backofen bei 250 Grad ca. 30 Minuten backen. Aus dem Rohr nehmen und die Oberfläche noch einmal mit kaltem Wasser bestreichen.

Die Rezepte für die Kürbiskernpotize und den Kärntner Reindling auf der vorhergehenden Doppelseite finden sich auf Seite 153

Alt-Wiener Apfelstrudel

Strudelteig:
250 g glattes Mehl
Prise Salz
1 dl Wasser
1 Eßl. Öl

Fülle:
1500 g Äpfel (Gold Delicious)
40 g Butter
80 g Semmelbrösel
100 g Zucker
etwas Zimt
60 g Rosinen
¼ l Sauerrahm
80 g grobgehackte Walnüsse

zum Bestreuen:
Staubzucker

Aus Mehl, Salz und lauwarmem Wasser einen halbweichen Teig kneten. Teig auf mehlbestäubtes Brett legen, die Oberfläche mit Öl bestreichen, 20 bis 30 Minuten rasten lassen.
Nun den Teig auf einem mit Mehl bestäubten Tuch rechteckig ausrollen und mit dem Handrücken papierdünn ausziehen.
Zwei Drittel der Teigfläche mit den in Butter hellbraun gerösteten Semmelbröseln, geschälten, blättrig geschnittenen Äpfeln, Zucker, Zimt und Rosinen bestreuen.
Das letzte Drittel des Teigs mit zerlassener Butter beträufeln. Dicke Teigränder wegschneiden.
Vor dem Zusammenrollen den Sauerrahm und die Nüsse über die Äpfel verteilen. Strudel in blechlange Stücke schneiden, auf ein schwach befettetes Backblech legen und mit zerlassener Butter bestreichen.
Während der Backzeit von 25 Minuten bei 190 Grad nochmals mit Butter bepinseln, angezuckert servieren.

Birnenstrudel

1 Pkt. Tiefkühlstrudelteig
1500 g Birnen
100 g Zucker
etwas Zimt
Saft und Schale einer Zitrone
80 g Semmelbrösel
40 g Butter

zum Bestreuen:
Staubzucker

Den aufgetauten Strudelteig auf ein bemehltes Tuch legen. Die Birnen schälen, entkernen, achteln und mit Zucker, Zimt und Saft und Schale einer Zitrone abschmecken. Semmelbrösel in Butter rösten.
Auf zwei Drittel der Teigfläche geröstete Brösel und Birnen streuen, den restlichen Teil mit Butter beträufeln.
Den Strudel einrollen, mit der Teignaht nach unten auf ein befettetes Backblech legen und bei 180 Grad ca. 40 Minuten backen. Während der halben Backzeit den Strudel mit zerlassener Butter bepinseln.
Der Strudel wird leicht angezuckert serviert.

Blätterteig-Apfelstrudel

1 Pkt. Tiefkühlblätterteig
1200 g Äpfel
100 g Zucker
etwas Zimt
60 g Rosinen

zum Bestreichen:
1 Ei und 2 Eidotter

zum Bestreuen:
Staubzucker

Den aufgetauten Blätterteig auf ein bemehltes Tuch legen und mit den blättrig geschnittenen Äpfeln, Zucker, Zimt und Rosinen bestreuen.
Das Tuch hochheben, den Strudel gegen die freie Teigseite einrollen, Teignaht nach unten. Mit 2 cm breiten Blätterteigstreifen belegen und mit den verrührten Eiern bestreichen.
Auf ein Backblech legen und bei 180 Grad 40 Minuten hellbraun backen.

Überbackene Birnentörtchen

1 Pkt. Tiefkühlblätterteig
1 Dose Kompottbirnen (ca. 850 g)
100 g Rohmarzipan
1 Pkt. Haas-Vanille-Creme
½ l Milch
3 Eßl. Zucker
1 Eßl. Birnenbrand (Williams)

Aus dem aufgetauten Blätterteig Kreise ausstechen und auf ein Backblech legen. Mit dem Finger an jedem Teigstück einen Rand formen.
Die Vanille-Creme lt. Anleitung auf der Verpackung zubereiten und kühl stellen. Danach mit dem Birnenbrand vermengen und davon so viel wegnehmen, wie zum Glattrühren des Marzipans benötigt wird.
Die Marzipanmasse auf die Törtchen aufstreichen und mit fächrig geschnittenen Dosenbirnen belegen.
Darüber die restliche Vanille-Creme verteilen und bei ca. 200 Grad 30–45 Minuten backen. Der Blätterteig soll vollständig durchgebacken sein. Am besten noch lauwarm servieren.

Schokoladestrudel

3 Eidotter
20 g Staubzucker
Schale einer halben Zitrone
2 Eßl. Rum
3 Eiklar
50 g Feinkristallzucker
100 g ungeschälte Mandeln
1 Pkt. Strudelteig, tiefgekühlt (2 Blatt)
140 g Kochschokolade
Kakao zum Bestreuen

Eidotter mit Staubzucker, Zitronenschale und Rum schaumig rühren. Eiklar und Kristallzucker zu Schnee schlagen und mit der Dottermasse vermengen. Die feingeriebenen Mandeln vorsichtig unterziehen und die Hälfte der Masse auf ein Blatt des mit Butter bestrichenen Strudelteigs streichen. Grob zerkleinerte Schokolade darüberstreuen, zusammenrollen. Mit dem zweiten Strudelblatt genauso verfahren.
Den Strudel auf ein gebuttertes Blech legen und bei 200 Grad ca. 20 Minuten backen.
Nach dem Überkühlen den Strudel mit Kakao bestreuen.

Apfel-Jalousie

6 mittelgroße Äpfel (Gold Delicious)
1 Pkt. Tiefkühlblätterteig
1 Biskuitrouladenstreifen (siehe Rezept Himbeer-Joghurt-Roulade, Seite 94)

Fülle:
100 g Topfen, 20%
50 g Staubzucker
1 Ei
Prise Salz
½ Pkt. Haas-Vanillinzucker
Saft und Schale einer halben Zitrone

Kerngehäuse der Äpfel ausstechen, die Äpfel schälen und mit der Topfenfülle füllen.
Den aufgetauten Blätterteig auf ein Blech legen, auf ein Ende den Biskuitstreifen legen und darauf die mit einem Messer halbierten Äpfel mit der Schnittfläche nach unten auflegen. Den Blätterteig darüberschlagen, an den Seiten leicht mit Wasser bestreichen und mit der Gabel gut auf den unteren Teig andrücken. Die Oberseite des Teigs mit einem Messer in einem Abstand von 2 cm einschneiden (dieser Vorgang ist wichtig, damit beim Backvorgang die Feuchtigkeit entweichen kann).
Bei ca. 200 Grad 30–45 Minuten backen.

Topfenfülle:
Den passierten Topfen mit dem Zucker, dem Ei und den Geschmackszutaten verrühren.

Marillenroulade

Creme:
¼ l Obers
250 g Schokolade

5 Eidotter
30 g Zucker
½ Pkt. Haas-Vanillinzucker
Schale einer halben Zitrone
5 Eiklar
90 g Zucker
120 g Mehl

1 Dose Marillenkompott

zum Besieben:
Staubzucker

Für die Creme Obers aufkochen, zerkleinerte Schokolade beigeben, glattrühren. Nach dem Überkühlen vor der Verwendung 1 Stunde in den Kühlschrank stellen.

Eidotter mit Zucker, Vanillinzucker und Zitronenschale schaumig rühren. Eiklar zu Schnee schlagen, Zucker einrieseln lassen und kurz weiterschlagen. Dottermasse und Schnee vorsichtig mischen, das gesiebte Mehl mit dem Kochlöffel locker einziehen.
Masse auf ein mit Pergament belegtes Blech fingerhoch aufstreichen und im Rohr bei 200 Grad goldgelb backen. Sofort auf ein mit Kristallzucker bestreutes Pergament stürzen und auskühlen lassen.
Creme mit einer Schneerute kurz schaumig rühren und das Biskuit, von dem man das Papier abgezogen hat, damit bestreichen.
Einen Rand des Biskuits mit gut abgetropften Marillenhälften belegen, das Biskuit straff einrollen und im Papier gut kühlen. Vor dem Servieren leicht mit Zucker besieben und mit Marillenspalten garnieren.

Mohr-im-Hemd-Kuchen

140 g Butter
140 g Schokolade
1 Pkt. Haas-Vanillinzucker
Prise Salz
8 Eier
140 g Zucker
180 g geriebene Mandeln oder Haselnüsse
60 g Kuchen- oder Semmelbrösel

Butter, erweichte Schokolade, Vanillinzucker und Salz schaumig rühren. Die Eidotter nach und nach dazugeben.
Eiklar mit der halben Zuckermenge schlagen, restlichen Zucker dazugeben und steif schlagen.
Den halben Schnee in die Buttermasse einrühren. Nüsse, Brösel und restlichen Schnee dazugeben und locker in die Buttermasse einrühren.
Masse in eine gebutterte, mit Bröseln ausgestreute Kuchenform füllen und im vorgeheizten Rohr bei 170 Grad ca. 50–60 Minuten backen, auf ein Gitter stürzen, auskühlen lassen.

MEHL

Vollwert-Gugelhupf

5 Eidotter
1 Messerspitze Zimt
6 Eßl. Honig
⅛ l Sonnenblumenöl
150 g geriebene Walnüsse
$\frac{1}{16}$ l Wasser
150 g Weizenvollkornmehl
60 g Rosinen
5 Eiklar

zum Bestreuen der Form:
ca. 30 g gehobelte Mandeln

Eidotter, Zimt und Honig ca. 10 Minuten schaumig rühren. Das Öl tropfenweise dazugeben. Nüsse, Wasser, Mehl und Rosinen beimengen. Eiklar zu Schnee schlagen (nicht zu stark, da es leicht ausflockt) und vorsichtig mit der Dottermasse vermischen.
Die Masse in eine befettete, mit gehobelten Mandeln bestreute Gugelhupfform füllen und in das kalte Backrohr auf die unterste Schiene stellen. Bei ca. 175 Grad etwa 70 Minuten backen (Nadelprobe).

Vollwert-Streuselkuchen mit Marillen

300 g Weizenvollkornmehl
30 g Germ
2 Eßl. Honig
ca. ⅛ l Milch
50 g Butter
Prise Salz
1 Ei
600 g reife Marillen

Streusel:
250 g Weizenvollkornmehl
200 g Butter
5 Eßl. Honig
1 Messerspitze Zimt

In das Mehl eine Vertiefung machen, Germ und Honig mit etwas lauwarmer Milch und etwas Mehl anrühren, 25 Minuten gehen lassen und dann mit den restlichen Zutaten zu einem Teig verkneten. Zugedeckt 1 Stunde gehen lassen.
Den Teig rechteckig ca. 5 mm dick ausrollen, auf ein gebuttertes Blech legen, mit gewaschenen, abgetropften, entsteinten, reifen Marillen belegen.
Für den Streusel Mehl mit Butter leicht verkneten, zum Schluß Honig und Zimt mitkneten, etwas zerbröseln und kalt stellen.
Den Kuchen mit Streusel bestreuen, bei 190 Grad ca. 35 Minuten backen.

Mehl

Schokoladen-Mousse-Torte

3 Eidotter
20 g Staubzucker
½ Pkt. Haas-Vanillinzucker
1 Eßl. Rum
40 g Schokolade
3 Eiklar
60 g Feinkristallzucker
30 g Mehl
70 g geriebene Haselnüsse

Creme:
2 Eidotter
1 Ei
½ Pkt. Haas-Vanillinzucker
Prise Salz
200 g Schokolade
¼ l Obers

ca. 80 g Schokoladespäne
(siehe Seite 157)

Eidotter mit Zucker, Vanillinzucker und Rum gut schaumig rühren, erweichte Schokolade dazugeben.
Eiklar mit Zucker zu Schnee schlagen, mit der Dottermasse mischen, Mehl und geriebene Haselnüsse einrühren. Die Masse in einen Tortenreifen füllen und im vorgeheizten Rohr bei 180 Grad ca. 45 Minuten backen. Auskühlen lassen.

Für die Creme Eidotter, Ei, Vanillinzucker und Salz über Wasserdampf warm und dann kalt schlagen. Die aufgelöste Schokolade und etwas geschlagenes Obers dazugeben und locker mit dem Schneebesen unterziehen.
Den ausgekühlten Tortenboden einmal durchschneiden. Einen Teil mit dem Tortenreifen umgeben, die Schokoladecreme hineinfüllen (etwas zurücklassen), den zweiten Boden daraufgeben und die Torte 2–3 Stunden in den Kühlschrank stellen.

Die Torte vorsichtig mit einem Messer aus dem Reifen schneiden, mit der restlichen Creme dünn verstreichen und die Schokoladespäne auflegen.

Bananenbrot

300 g überreife Bananen
250 g Zucker
Prise Salz
½ Pkt. Haas-Vanillinzucker
3 Eidotter
¼ l Obers
1/16 l Öl
3 Eiklar
80 g Zucker
300 g Mehl
½ Pkt. Haas-Backpulver
70 g geriebene Walnüsse

Bananen schälen und durch ein Sieb drücken (passieren), mit Zucker, Salz und Vanillinzucker schaumig rühren. Eidotter und Obers langsam dazugeben, zum Schluß das Öl kurz unterrühren.
Eiklar mit Zucker zu Schnee schlagen, ein Drittel des Schnees fest in die Grundmasse einrühren. Restlichen Schnee dazugeben. Das mit Backpulver versiebte Mehl und die geriebenen Walnüsse ebenfalls einrühren.
Die Masse in eine gebutterte, mit Mehl bestäubte Kastenform geben und bei ca. 180 Grad 45 Minuten backen.

Schokolade-Birnen-Törtchen

¼ l Schlagobers
400 g Tunkmasse
80 g Butter
2 Eßl. Birnenbrand (Williams)
1 Dose Birnen
1 Schokoladebiskuit (siehe Rezept Schoko-Weichsel-Roulade, Seite 151)

Dekor:
250 g Tunkmasse (Kuvertüre)
8 kandierte Kirschen

Das Obers aufkochen, die kleingeschnittene Tunkmasse beigeben und gut verrühren. Die Creme glattrühren. Wenn sie nur noch lauwarm ist, mindestens bis zum doppelten Volumen aufschlagen. Mit der schaumig gerührten Butter und dem Birnenbrand vermengen.
In kleine Reifen oder Förmchen je einen Schokoladebiskuitboden legen und diesen mit etwas Creme bestreichen. Die Birnen abtropfen lassen, blättrig schneiden und in die Törtchen einlegen. Restliche Creme einstreichen und mit Schokoladebiskuit abdecken.
Im Kühlschrank überkühlen lassen, danach aus der Form lösen, mit Schokoladefächern garnieren. In die Mitte eine kandierte Kirsche setzen.

Schokoladefächer:
Die zerkleinerte Tunkmasse (Kuvertüre) im Wasserbad erwärmen.
Nun die Tunkmasse auf einer Marmorplatte (eine Metallplatte eignet sich nicht so gut) gleichmäßig dünn verstreichen. Schnell arbeiten, damit sie nicht zu früh fest wird. Die Masse darf auf keinen Fall hart sein, wenn man die Fächer formt!
Nun wird mit einer Spachtel ein Dreieck von der Fläche abgeschabt, wobei man die noch weiche Tunkmasse an einer Seite mit einem Finger festhält; so bildet sich ein Fächer.

Tip: Die Kuvertüre mit etwas Öl verdünnen, damit sie nicht so schnell fest wird.

Powidltörtchen

1 Pkt. Tiefkühlblätterteig
250 g Powidl
2 Eier

Aus dem aufgetauten Blätterteig Böden im Durchmesser von ca. 10 cm ausstechen. Die eine Hälfte dieser Böden mit den verrührten Eiern bestreichen.
In die Mitte etwas Powidl (1 Kaffeelöffel) portionieren. Mit den restlichen Böden abdecken.
Den Blätterteig mit einem kleineren Ausstecher oder einer Kaffeetasse andrücken. Sorgfältig mit den verrührten Eiern bestreichen. Mit einem scharfen, spitzen Messer die Törtchen von der Mitte aus bogenförmig einschneiden, aber keinesfalls zu tief, da sonst die Fülle auslaufen würde.
Bei 200 Grad 35–40 Minuten goldbraun backen. Noch warm servieren.

Fächer-Kirschtorte

6 Eidotter
50 g Zucker
Prise Salz
1 Pkt. Haas-Vanillinzucker
6 Eiklar
90 g Zucker
100 g Mehl
40 g Kakao

Creme:
150 g Butter
50 g Staubzucker
½ Pkt. Haas-Vanillinzucker
4 Eßl. Kirschwasser

Tränke:
4 Eßl. Kirschwasser

Eidotter mit Zucker, Salz und Vanillinzucker gut schaumig rühren. Eiklar mit restlichem Zucker zu Schnee schlagen und beide Massen mischen. Mehl mit Kakao versieben und vorsichtig darunterheben. Ein Backblech mit Pergament belegen und die Masse mit einer Lochtülle rasch aufdressieren (man kann sie auch verstreichen). Im vorgeheizten Rohr bei 210 Grad ca. 10 Minuten backen. Die Masse darf nicht zu trocken werden. Mit Zucker bestreuen, Pergament auflegen, umdrehen, auskühlen lassen.

Für die Creme Butter etwas erwärmen, mit Staubzucker und Vanillinzucker stark schaumig rühren, Kirschwasser hinzufügen.
Von dem ausgekühlten Schokoladebiskuit mit dem Tortenreifen einen runden Boden ausstechen, mit einem Teil der Creme bestreichen.
Das restliche Biskuit mit der restlichen Creme bestreichen, 4 cm breite Streifen schneiden, einen Streifen einrollen und auf den ausgestochenen Boden setzen. Die restlichen Streifen herumlegen, bis die Tortengröße erreicht ist, einen Reifen darumstellen und die Kirschwassertränke mit einem Pinsel oder Löffel verteilen.

Ingwerkuchen

200 g Butter
100 g Staubzucker
Prise Salz
1 Pkt. Haas-Vanillinzucker
4 Eidotter
4 Eiklar
100 g Feinkristallzucker
230 g Mehl
150 g kandierter Ingwer

Butter mit Staubzucker, Salz und Vanillinzucker schaumig rühren, Eidotter nach und nach dazugeben. Eiklar mit dem Kristallzucker zu Schnee schlagen und mit der Buttermasse mischen. Zum Schluß das Mehl und den gehackten Ingwer unterziehen.
Die Masse in eine gebutterte, mit Mehl bestäubte Form füllen und bei 170 Grad ca. 1 Stunde backen.
In der Form kurz überkühlen lassen und stürzen.

Kirschbrandtorte

2 Esterházyböden (Grundrezept siehe Gloriette-Torte, Seite 88)

Biskuitboden:
4 Eier
2 Eidotter
125 g Feinkristallzucker
90 g Mehl
40 g Stärkemehl
70 g Butter

Kirschbuttercreme:
200 g Butter
70 g Staubzucker
6 Eßl. passierte Vanille-Creme (siehe Rezept Ribiselsoufflé-Torte, Seite 96)
1 Eßl. Kirschwasser

Tränke:
2½ Eßl. Wasser
50 g Feinkristallzucker
5 Eßl. Kirschwasser

gehobelte Mandeln
kandierte Kirschen

Für den Biskuitboden Eier, Eidotter und Zucker schaumig rühren, das mit Stärkemehl versiebte Mehl unterziehen und zum Schluß die heiße Butter untermischen. In einen Tortenreifen füllen und bei 170 Grad ca. 40 Minuten backen, auskühlen lassen.

Für die Kirschbuttercreme Butter mit Staubzucker schaumig rühren, kalte, passierte Vanille-Creme beifügen, weiter schaumig rühren und mit Kirschwasser abschmecken.

Für die Tränke Wasser mit Kristallzucker aufkochen, überkühlen lassen, Kirschwasser beigeben.

Einen Esterházyboden mit Kirschbuttercreme bestreichen, den Biskuitboden darauflegen und mit dem Kirschwassersirup tränken. Wieder mit Kirschbuttercreme bestreichen und den zweiten Esterházyboden auflegen. Die Torte mit der restlichen Kirschbuttercreme einstreichen und den Rand mit gehobelten Mandeln einstreuen. Dann die Oberfläche mit Staubzucker besieben und mit kandierten Kirschen belegen.

Kardinalschnitten

1. Masse
8 Eiklar
180 g Feinkristallzucker

2. Masse
2 Eier
3 Eidotter
50 g Feinkristallzucker
50 g Mehl

Kaffeeobers:
2 Blatt Gelatine
etwas Nescafé
30 g Staubzucker
3 dl Obers

Eiklar und Zucker zu Schnee schlagen.
Eier, Eidotter und Zucker schaumig rühren, Mehl unterziehen.
Auf 2 Blatt Pergament von 15 cm Breite und ca. 40 cm Länge je 3 Streifen Schnee (1. Masse) mit großer Lochtülle in gleichmäßigem Abstand dressieren. Innerhalb dieser drei Streifen Schnee kommen jeweils zwei Streifen Biskuitmasse (2. Masse).
Mit Staubzucker bestäuben und bei mittlerer Hitze (ca. 160 Grad) etwa 30 Minuten backen. Auskühlen lassen, das Papier abziehen. Die beiden Böden mit Kaffeeobers zusammensetzen.

Für das Kaffeeobers Gelatine in kaltem Wasser einweichen, ausdrücken und vorsichtig auflösen, Nescafé und Staubzucker dazugeben, zum Schluß das geschlagene Obers unterziehen.

Rezepte zu den Doppelbildseiten

Lebkuchenhaus

Abbildung Seite 6/7

1600 g glattes Mehl
1600 g Roggenmehl
1500 g Honig
1000 g Feinkristallzucker
500 g Fett, zerlassen
10 Eier
10 g Hirschhornsalz
etwas Milch
ca. 10 g Lebkuchengewürz

Spritzglasur:
5 Eiklar
1200 g Staubzucker
1 Eßl. Zitronensaft

Kristallzucker

Den Honig mit dem Zucker erwärmen und mit allen Zutaten, das Hirschhornsalz ausgenommen, gut verkneten. Danach mindestens einen Monat an einem kühlen Ort rasten lassen.
Das Hirschhornsalz in etwas kalter Milch auflösen, mit dem Grundteig verkneten und diesen einen Tag rasten lassen. Am nächsten Tag eine Probe backen, d. h. ein Teigstück ca. 6 mm dick ausrollen, rund ausstechen, auf ein Backtrennpapier setzen, mit Milch bestreichen und bei 180 Grad goldgelb backen. Bleiben die Kanten des Teigstückes kantig, muß man nochmals etwas Hirschhornsalz beigeben und den Teig wieder rasten lassen. Ist das Backstück gleichmäßig rund gebacken, so ist der Teig für die Weiterverarbeitung geeignet.
Aus einem Karton Schablonen für die einzelnen Teile des Lebkuchenhauses anfertigen. Den ausgerollten Teig nach diesen Schablonen schneiden, auf Backtrennpapier oder Pergamin setzen und bei 180 Grad goldgelb backen.
Die überkühlten Teigstücke mit Spritzglasur zusammensetzen.
Ein Holzbrett mit Spritzglasur bestreichen, mit Kristallzucker bestreuen, das zusammengesetzte Haus auf das Holzbrett stellen und mit Spritzglasur verzieren.

Spritzglasur:
Etwas gesiebten Staubzucker, Zitronensaft und Eiklar schaumig rühren. Wenn die Spritzglasur Volumen besitzt, nach und nach Staubzucker beigeben, bis sie eine feste Konsistenz erhält. Zum Glasieren von Lebkuchen etwas dünner halten. Zum Verarbeiten in ein Spritztütchen aus Butterbrotpapier füllen.

Gebackene Topfennockerln

Abbildung Seite 34/35

20 g Germ
$\frac{1}{16}$ l Milch
300 g Mehl
150 g Topfen, passiert
60 g Butter
60 g Feinkristallzucker
Prise Salz
2 Eier
Schale einer halben Zitrone
1 Pkt. Haas-Vanillinzucker

Backfett

Staubzucker
½ Pkt. Haas-Vanillinzucker

Germ in lauwarmer Milch auflösen, mit den übrigen Zutaten zu einem Teig vermischen und gut abschlagen, bis er sich vom Löffel löst. An einem warmen Ort ca. 1 Stunde aufgehen lassen. Mit einem in Fett getauchten Eßlöffel Nockerln ausstechen und diese in heißem Fett (ca. 170 Grad) goldbraun backen. Nach jedem Einlegen den Löffel wieder in Fett tauchen. Mit vanilliertem Staubzucker bestreuen.

Brandteigkrapfen

Abbildung Seite 34/35

¼ l Wasser
Prise Salz
70 g Butter
170 g Mehl
4 Eier
Schale einer halben Zitrone

Backfett

60 g Staubzucker
1 Eßl. Zimt

80 g Erdbeermarmelade

Wasser mit Butter, Zitronenschale und Salz aufkochen, das Mehl rasch beigeben, sofort mit einer Schneerute glattrühren und so lange am Feuer lassen, bis sich die Masse beim Rühren vom Geschirr löst.
Nach etwa 2 Minuten die Eier nach und nach einrühren, wobei nach jeder Eibeigabe glattgerührt werden muß. Die Masse in einen Dressiersack mit grober, gezackter Tülle (Nr. 12) füllen und auf ein gebuttertes Papier Ringe von 6 cm Durchmesser aufspritzen. Umgekehrt samt Papier in Backfett bei etwa 170 Grad 4 Minuten beidseitig backen, herausheben, gut abtropfen lassen, mit einem Zucker-Zimt-Gemisch bestreuen, in die Vertiefung Erdbeermarmelade füllen.
Warm servieren.

Osterzopf mit Aranzini

Abbildung Seite 46/47

400 g Mehl
20 g Germ
40 g Butter
70 g Staubzucker
ca. ⅛ l Milch
Prise Salz
1 Pkt. Haas-Vanillinzucker
Schale einer halben Zitrone

100 g Aranzini, gehackt

2 Eidotter

60 g gehobelte Mandeln

Lauwarme Milch mit Zucker und Germ verrühren, etwas Mehl dazugeben, glattrühren. Mit Mehl bestäuben und gehen lassen (soll noch einmal so hoch werden).
Restliches Mehl, Butter, Salz, Vanillinzucker, Zitronenschale dazugeben und zu einem Teig kneten. Zum Schluß die Aranzini dazukneten und zugedeckt noch einmal 15 Minuten gehen lassen. Den Teig in drei gleiche Teile teilen und zu Strängen formen. Die Stränge zu einem Zopf flechten.
Den Zopf auf ein Blech setzen, 10 Minuten gehen lassen, mit Eidotter bestreichen, mit gehobelten Mandeln bestreuen und im vorgeheizten Rohr bei 210 Grad 25 Minuten backen.

Schnecken im »Reindl«

Abbildung Seite 46/47

500 g Mehl
50 g Staubzucker
30 g Germ
¼ l Milch
40 g Butter
2 Eier
Prise Salz
Schale einer halben Zitrone
½ Pkt. Haas-Vanillinzucker

100 g Butter

Fülle:
150 g Zucker
2 Messerspitzen Zimt
100 g Rosinen

zum Bestreichen:
1 Ei

Das Mehl in eine Schüssel sieben und eine Mulde hineindrücken. Die zerbröckelte Germ, Zucker, Eier und Milch hinzufügen, verrühren und ca. 20 Minuten gehen lassen. Zerlassene Butter, Salz, Zitronenschale und Vanillinzucker dazugeben und die Masse zu einem Teig kneten. 15–20 Minuten gehen lassen. Den Teig rechteckig ausrollen (ca. ½ cm dick) und mit zerlassener Butter bestreichen.
Zucker, Zimt und Rosinen mischen und den ausgerollten Teig damit bestreuen. Den Teig einrollen, in 5 cm breite Stücke schneiden und diese in ein mit Butter ausgestrichenes Reindl geben. 15 Minuten gehen lassen, mit Ei bestreichen und im vorgeheizten Rohr bei ca. 210 Grad 30–35 Minuten backen.

Muttertagstorte

Abbildung Seite 60/61

5 Eier
120 g Feinkristallzucker
½ Pkt. Haas-Vanillinzucker
100 g Mehl
50 g Stärkemehl

Creme:
300 g Butter
200 g Staubzucker
1 Ei
1 Eidotter
2 Zitronen, Saft und Schale

zum Einstreuen:
60 g geröstete, geriebene Haselnüsse

Dekor:
60 g Rohmarzipan
etwas rote Lebensmittelfarbe
1 kandierte Kirsche
6 halbe Mandeln
50 g Schokolade
Angelika oder einige Pistazien

Eier, Zucker und Vanillinzucker über Wasserdampf aufschlagen (soll gut warm sein), vom Wasserbad nehmen und kalt schlagen (Mixer). Mehl mit Stärkemehl versieben und vorsichtig mit der Eiermasse mischen. In eine Tortenform füllen, im vorgeheizten Rohr bei 180–190 Grad ca. 25 Minuten backen, auskühlen lassen.
Für die Creme alle Zutaten aufkochen, mixen. Die Creme passieren, stocken lassen, etwas schaumig rühren.

Die Biskuittorte zweimal durchschneiden, mit der Creme füllen, die Oberfläche und die Ränder einstreichen. Mit einer Kammteigkarte auf der Oberfläche ein Muster zeichnen, die Torte auf der Seite mit gerösteten, geriebenen Haselnüssen einstreuen, kühl stellen.

Marzipan mit Lebensmittelfarbe rosa färben, auf einer möglichst kalten Arbeitsfläche (Marmorplatte) ca. 2 mm dick ausrollen, mit einer Schablone ein Herz ausschneiden, auf die Torte auflegen, mit Mandeln, kandierter Kirsche, Angelika oder Pistazien und Schokoladespritzglasur (erwärmte Schokolade mit einigen Tropfen Wasser verrühren) dekorieren.

Kaffeekuchen

Abbildung Seite 60/61

200 g Butter
200 g Staubzucker
1 Pkt. Haas-Vanillinzucker
Prise Salz
4 Eier
10 g Nescafé
2 dl Weinbrand
250 g Mehl

für die Form:
Butter und gehobelte Mandeln oder Mehl

Butter mit Vanillinzucker, Salz und Staubzucker schaumig rühren. Eier nach und nach dazugeben. Nescafé in Weinbrand auflösen, kurz unterrühren, zum Schluß das Mehl vorsichtig unterheben. Die Masse in eine gebutterte, mit gehobelten Mandeln oder Mehl bestäubte Herzform (es kann auch jede andere Backform verwendet werden) füllen und im vorgeheizten Rohr bei 170 Grad ca. 50 Minuten backen.
Den Kuchen auf ein Gitter stürzen und auskühlen lassen.

Griotte-Torte

Abbildung Seite 70/71

180 g Rohmarzipan
5 Eidotter
2 Eßl. Wasser
Prise Salz
1 Pkt. Haas-Vanillinzucker
Schale einer halben Zitrone

100 g Feinkristallzucker
25 g Stärkemehl
5 Eiklar

70 g Mehl
30 g Butterschmalz
150 g Kompottweichseln

Tränke:
3 Eßl. Cherry Brandy
3 Eßl. Weichselsaft
3 Eßl. Kirschwasser

Dekor:
2 dl Obers
etwas Staubzucker
70 g weiße Schokolade
12 Stk. Amarena-Weichseln
Kakao zum Bestäuben

Rohmarzipan mit den Eidottern, dem Wasser, Salz, Vanillinzucker und der Zitronenschale schaumig rühren.
Den Zucker mit dem Stärkemehl vermengen und mit dem Eiklar zu einem schmierigen Schnee schlagen.
Beide Massen und das Mehl mit einem Kochlöffel verrühren, das heiße Butterschmalz und zuletzt die abgetropften, entkernten Weichseln unterziehen.
In eine gebutterte, bestäubte Springform füllen und bei 180 Grad 25 Minuten backen.
Cherry Brandy, Weichselsaft und Kirschwasser vermischen und den gekühlten Tortenboden gut damit tränken (am besten mittels Pinsel).
Mit geschlagenem und mit Staubzucker gesüßtem Schlagobers die Torte 1 cm dick einstreichen, 12 Teile anzeichnen. Weiße Schokoladespäne aufstreuen (mit Kartoffelschäler vom Block schaben) und mit einem Spritzsack Obersrosetten aufdressieren. Zuletzt mit abgetropften Amarena-Weichseln und Kakaopulver dekorieren.

Bacardi-Obers-Torte

Abbildung Seite 70/71

150 g Butter
30 g Staubzucker
½ Pkt. Haas-Vanillinzucker
Prise Salz
5 Eidotter
5 Eiklar
80 g Feinkristallzucker
100 g Mehl

Creme:
2 dl Obers
100 g weiße Schokolade
1 dl Bacardi (weißer Rum)

Dekor:
1½ dl Obers
Schale einer ungespritzten Orange
1 Karambole (Sternfrucht)

Butter, Zucker, Vanillinzucker und Salz schaumig rühren, nach und nach die Eidotter beigeben. Eiklar und Zucker zu Schnee schlagen, mit dem Abtrieb mischen, zuletzt vorsichtig das Mehl unterheben.
Auf Pergamentpapier 6 tortenreifgroße, 5 mm dicke Böden aufstreichen. Bei 220 Grad 15 Minuten hellbraun backen.
Nach dem Backen sogleich auf Kristallzucker stürzen.

Für die Creme das Obers kurz aufkochen, Schokolade darin auflösen, Bacardi hinzufügen, kurz im Mixer mischen. 12 Stunden kühl rasten lassen, dann langsam bis zum größten Volumen aufrühren.
Die Torte im Reifen Schicht für Schicht mit der Creme füllen. Gut durchkühlen lassen, aus dem Reifen schneiden und mit geschlagenem Obers einstreichen. Restliches Obers mit gezackter Tülle aufdressieren. In der Mitte der Torte die Orangenschale auflegen. Mit Scheiben der Sternfrucht garnieren.

Obsttorte mit Grand Marnier

Abbildung Seite 90/91

1 Mürbteigboden (siehe Rezept Kleine Nußtörtchen, Seite 14)
50 g Marillenmarmelade
½ Biskuittorte (siehe Rezept Muttertagstorte, Seite 149, halbe Masse)

Orangencreme:
2 dl Orangensaft
Schale einer Orange (ungespritzt)
2 Eier
2 Eidotter
130 g Feinkristallzucker
4½ dl Obers
3 Blatt Gelatine
$^1/_{16}$ l Grand Marnier

Dekor:
½ dl Obers
50 g gehobelte, geröstete Mandeln
250 g Erdbeeren
1 Traube blaue Weintrauben
½ Hawaii-Ananas
1 Marille
1 Pkt. Haas-Tortengelee
50 g Feinkristallzucker

Der Mürbteigboden wird mit der erwärmten Marillenmarmelade bestrichen. Dann schneidet man die Biskuittorte in zwei zentimeterdicke Scheiben, legt eine davon auf den Mürbteigboden und stellt den Tortenreifen darüber. In diesen Reifen füllt man die Orangencreme, bedeckt die Torte mit dem zweiten Biskuitblatt und stellt sie kalt.
Für die Orangencreme Orangensaft, Orangenschale, Eier, Eidotter und Zucker über heißem Wasserbad aufschlagen, dann wegstellen und kalt rühren. Das geschlagene Obers vorsichtig unterrühren.
Die Gelatine auflösen, mit Grand Marnier parfümieren und unter das Orangenobers ziehen.
Die Torte aus dem Reifen schneiden, mit geschlagenem Obers rundherum bestreichen und mit Hobelröstmandeln einstreuen. Die Früchte auflegen und mit dem noch warmen Tortengelee (Zubereitung lt. Angaben auf der Verpakkung) abglänzen.

Schoko-Weichsel-Roulade

Abbildung Seite 90/91

5 Eier
160 g Zucker
70 g Mehl
60 g Stärkemehl
20 g Kakao
2 Eßl. Öl

gehobelte Mandeln

Pariser Creme:
¼ l Obers
60 g Bitterschokolade (Kuvertüre)

⅛ l Weichselsaft (von eingelegten Weichseln)
30 g Feinkristallzucker
1 Blatt Gelatine
½ Pkt. Haas-Vanille-Creme
170 g abgetropfte Weichseln

Staubzucker

Eier und Zucker dickschaumig schlagen (etwa 4 Minuten auf schnellster Stufe), Mehl und Stärkemehl versiebt unterziehen. Kakao und Öl verrühren und mittels Kochlöffel ebenfalls unter die Masse ziehen.
In der Größe von 20 x 50 cm auf ein Butterbrotpapier streichen und mit gebrochenen, gehobelten Mandeln bestreuen.
Nach zehnminütiger Backzeit bei 220 Grad auf ein mit Kristallzucker bestreutes Papier wenden und kühl stellen.
Für die Pariser Creme das Obers aufkochen und die geschnittene Schokolade darin auflösen. 1 Minute mit einem Stabmixer kurz mixen. Wenn die Masse abgekühlt ist, in den Kühlschrank stellen und 12 Stunden rasten lassen.
Den Weichselsaft mit dem Zucker kurz aufkochen, etwas zurückbehaltenen Saft mit dem Cremepulver verrühren, zum kochenden Saft hinzufügen und kurz aufkochen. Die entkernten Weichseln und das erweichte, ausgedrückte Gelatineblatt beigeben.
Ebenfalls überkühlen.
Das obere Papier der Roulade abziehen, die Pariser Creme langsam zu einer festeren Konsistenz rühren und gleichmäßig aufstreichen. Die gebundenen Weichseln auf einer der beiden Längsseiten aufdressieren und mittels des unteren Papiers straff einrollen.
Zuletzt mit Staubzucker übersieben.

Kirschblüten

Abbildung Seite 110/111

250 g Mürbteig (siehe Rezept Kleine Nußtörtchen, Seite 14)

Fülle:
1 dl Wasser
100 g Feinkristallzucker
300 g geriebene Walnüsse
etwas Rum
½ Pkt. Haas-Vanillinzucker

etwas Marillenmarmelade

Dekor:
1 Becher Zuckerglasur (punschrosa) oder Fondant
40 Stk. Mimosen oder Pistazien (Fachhandel)

Den Mürbteig 4 mm dick ausrollen, mit einer gezackten Form ausstechen, hellbraun backen.

Für die Fülle das Wasser und den Zucker aufkochen, die geriebenen Nüsse beigeben, gut abrösten, mit Rum und Vanillinzucker verrühren.

Jeweils zwei Plätzchen mit der Fülle zusammensetzen und die Oberseite mit heißer Marillenmarmelade überziehen.
Mit der erwärmten Glasur überziehen und mit einer Mimose oder Pistazie dekorieren.

Cornflakes-Häufchen

Abbildung Seite 110/111

200 g Bitterschokolade (Tunkmasse)
40 g Rosinen
100 g Cornflakes

Die Tunkmasse im Wasserbad erwärmen (nicht mit Wasser in Berührung bringen!), abkühlen und auf Körpertemperatur bringen. Mit Rosinen und Cornflakes vermengen und mit einem Kaffeelöffel kleine Häufchen auf Pergamentpapier portionieren.
Kurz in den Kühlschrank stellen und vom Papier lösen.

Orangenkrapferln

Abbildung Seite 110/111

270 g Butter
250 g Staubzucker
Prise Salz
Schale einer Zitrone
½ Pkt. Haas-Vanillinzucker
3 Eier
2 Eidotter
300 g Mehl
50 g gehobelte Mandeln
200 g Orangenmarmelade

Butter, Staubzucker, Salz, Zitronenschale und Vanillinzucker schaumig rühren, Eier und Eidotter nach und nach zugeben. Mehl mit einem Kochlöffel unterrühren.
Auf Pergamentpapier kleine Krapferln dressieren, gehobelte Mandeln darüberstreuen und langsam (bei etwa 160 Grad) backen, ohne Farbe nehmen zu lassen.
Nach dem Überkühlen vom Papier lösen und mit Orangenmarmelade zusammensetzen.

Kürbiskernpotize

Abbildung Seite 124/125

250 g Mehl
30 g Staubzucker
⅛ l Milch
30 g Butter
2 Eier
10 g Germ
Prise Salz
Prise Haas-Vanillinzucker
Schale einer halben Zitrone

Fülle:
80 g Kürbiskerne
40 g Feinkristallzucker
etwas Milchkaffee

Den Teig mit einem Dampfl zubereiten (siehe Rezept Weihnachtsstollen, Seite 28) und sehr glatt abschlagen. Während der Teig aufgeht, wird er zweimal zusammengeschlagen. Den Germteig rechteckig ausrollen und die Fülle gleichmäßig aufstreichen. Zu einer Rolle zusammendrehen und in die gebutterte, mit Bröseln ausgestreute Form legen. Die Potize zugedeckt aufgehen lassen und vor dem Backen mit einem dünnen Zahnstocher mehrmals anstechen. Bei 180 Grad 45 Minuten backen. Überkühlen lassen und einen Tag lang mit einer Folie abgedeckt kühl stellen.

Zubereitung der Fülle:
Die zerstoßenen Kürbiskerne mit dem Zucker zu einem hellen Karamel abrösten und auf ein leicht geöltes Blech leeren.
Nach dem Überkühlen mit einem Rollholz auf einer Arbeitsfläche zerkleinern und mit etwas Milchkaffee zu einer streichfähigen Fülle anrühren.

Kärntner Reindling

Abbildung Seite 124/125

200 g Mehl
½ Pkt. Germ
$^1/_{16}$ l Milch
50 g Butter
20 g Staubzucker
1 Ei
Prise Salz
Schale einer halben Zitrone
1 Pkt. Haas-Vanillinzucker

Fülle:
50 g Butter
50 g Walnüsse, grob gehackt
50 g Rosinen
50 g Feinkristallzucker
1 Teel. Zimt

Alle Zutaten verkneten, 10 Minuten rasten lassen.
Den Teig rechteckig ausrollen, mit der zerlassenen Butter bestreichen. Die Walnüsse, Rosinen und den mit Zimt vermischten Kristallzucker aufstreuen.
Die Backkasserolle (Reindl oder Ring) mit Butter ausstreichen, mit Mehl bestäuben und den zu einer Rolle geformten Teig in die Form legen und aufgehen lassen.
Der Reindling wird bei ca. 170 Grad 45 Minuten gebacken.

Gutes Gelingen garantiert: Tips und Tricks

Cremes

Buttercreme

250 g Butter, 150 g gesiebter Staubzucker, 1 bis 2 Eidotter, Geschmackszutaten

Butter und Zucker sehr schaumig rühren, Eidotter und Geschmackszutaten nach und nach einrühren. Buttercreme ist um so bekömmlicher und leichter, je schaumiger sie ist. Sie soll nie zu warm werden, da sie sonst leicht schmierig wirkt. Manche Margarinearten lassen sich noch besser als Butter schaumig rühren. Buttercreme nie zu dick einfüllen und nur mäßig süßen.

Leichte Buttercreme

200 g Butter, 150 g gesiebter Staubzucker, ¼ l Milch, ½ Pkt. Haas-Puddingpulver Vanille, evtl. 1 Eidotter, Geschmackszutaten

Aus Milch und Puddingpulver nach der Anleitung auf dem Säckchen einen Pudding kochen. Auskühlen lassen und passieren. Bevor der Pudding löffelweise in den schaumigen Abtrieb gerührt wird, muß er die gleiche Temperatur haben. Sollte die Creme trotzdem gerinnen, wird sie leicht im Wasserbad erwärmt und kräftig glattgerührt, bis sie wieder abgekühlt ist. Geschmackszutaten nach Wunsch hinzufügen.

Schokoladecreme

100 g Kochschokolade im Wasserbad erwärmen und glattrühren, vorsichtig in die fertige Leichte Buttercreme einrühren.

Nußcreme

1/16 l Milch, 30 g Zucker, ½ Pkt. Haas-Vanillinzucker, 60 g feingeriebene Nüsse

Milch und Zucker aufkochen, die Nüsse beigeben und kurz erhitzen. Nach dem Auskühlen die Nußmasse in die fertige Leichte Buttercreme einrühren, nach Wunsch leicht mit Rum abschmecken.

Kaffeecreme

Bei der Grundcreme – Leichte Buttercreme – die Zukkermenge etwas erhöhen, nach und nach starken Mokka oder aufgelösten Pulverkaffee bis zum gewünschten Geschmack einrühren.

Pariser Creme

¼ l Obers, 200–250 g Schokolade

Das Obers aufkochen und die zerkleinerte Schokolade unter Rühren darin auflösen. Die Mischung einige Stunden kalt stellen und kurz vor Gebrauch mit der Schneerute so lange rühren, bis die Creme schaumig fest ist.

Glasuren

Vorbereitung: Torten, Kuchen und anderes Gebäck, das zum Glasieren bestimmt ist, muß völlig ausgekühlt sein, am besten schon am Vortag backen. Cremetorten werden vor dem Glasieren gefüllt und im Kühlschrank noch einmal kalt gestellt. Dann legt man Torten mit dem glatten Boden nach oben auf eine Tortenplatte, deren Ränder man mit Papierstreifen abdeckt. So läßt sich ein Abtropfen der Glasur auf die Platte vermeiden. Nun wird das Backgut dünn mit Marmelade bestrichen, »aprikotiert«. Statt einer Platte kann man auch ein Glasurgitter verwenden. Allerdings springt die Glasur leicht beim Umlegen des Gebäcks vom Gitter auf eine Platte.

Aprikotieren: Das ist das Überziehen des zum Glasieren bestimmten Backwerks mit warmer Marmelade, meist Marillenmarmelade. So erhält man eine glatte, schöne Oberfläche, die das Eindringen der Glasur verhindert. Der Überguß würde sonst hart und spröde. Nur sehr kleine Backwaren werden getunkt. Die Marmelade muß vor dem Glasieren etwas abtrocknen.

Glasieren: Die Glasur auf einmal über das Backwerk gießen und durch vorsichtiges Drehen und Schräghalten verteilen. Wenn nötig, die abgelaufene Glasur am Rand mit einer Tortenpalette hoch- und glattstreichen. Kleine Bäckerei auf einer Gabel oder Backschaufel mit einem Eßlöffel glasieren, zum Abtropfen und Trocknen auf ein Gitter oder Pergament legen.

Glasur rühren: Am besten in einem Schüsselchen mit rundem Boden. Zum Rühren immer nur einen Löffel verwenden, keine Schneerute, da keine Luft in die Masse kommen soll. Es ist darauf zu achten, daß das Wasserbad nicht zu heiß ist, da sonst die Glasur matt und körnig wird.

Richtige Dicke: Die Glasur muß so beschaffen sein, daß sie über das Gebäck fließt, ohne daß man sie verstreichen muß. Zur Probe taucht man einen Löffel ein, er muß von der Glasur etwa 1 mm dick überzogen sein.

Temperatur: Sämtliche Glasuren müssen lippenwarm sein. Fertig gekaufte Tunkmassen werden im lauwarmen Wasserbad vorsichtig erwärmt, ohne daß Wasser in die Glasur gerät. Glasuren sollen lieber zu kühl als zu warm verwendet werden.

Aufbewahrung: Fertig glasiertes Gebäck darf nicht im Kühlschrank aufbewahrt werden, da die Glasur dann zu schwitzen anfängt.

Zuckerglasur

250 g gesiebter Staubzucker, 2 Eßlöffel Zitronensaft, etwas heißes Wasser

Zucker, Zitronensaft und ganz wenig heißes Wasser zu einer sehr dickflüssigen, glatten, glänzenden Masse verrühren. Der Zitronensaft kann durch Rum, Himbeer- oder Orangensaft, Mokka usw. ersetzt werden, um Farbe und Geschmack zu verändern.

Eiweißglasur

250 g gesiebter Staubzucker, 1 Eiklar, etwas Zitronensaft, warmes Wasser

Eiklar, Zucker, Zitronensaft und ganz wenig warmes Wasser zu einer glatten, glänzenden Masse rühren. Farb- und Geschmacksänderungen wie oben.

Behandlung von Tunkmasse (Kuvertüre)

Zerkleinerte (grobgeschnittene) Tunkmasse in einem Geschirr im Wasserbad (ca. 40 Grad) auflösen. Dabei darf absolut keine Flüssigkeit zur Tunkmasse gelangen, sie wäre sonst verdorben. Die Tunkmasse aus dem Wasserbad nehmen und unter öfterem Rühren kühlen, bis sie merklich zu stocken beginnt. In diesem Augenblick den Boden des Geschirrs einige Sekunden erhitzen und die Tunkmasse glattrühren. Nun sollte eine Probe gemacht werden. Dazu wird ein Tropfen Tunkmasse auf ein Blatt Papier geträufelt; wenn dieser in etwa 1 Minute stockt, so hat die Tunkmasse die richtige Temperatur zur weiteren Verwendung. Stockt der Tropfen nicht, muß der Vorgang wiederholt werden.

Fettglasur (Schokoladefettglasur)
ist billiger und weniger geschmackvoll als Tunkmasse und im Lebensmittelhandel überall erhältlich. Diese Glasur wird im Wasserbad erwärmt, glattgerührt und sofort verwendet. Eventuelles Verdünnen geschieht mit Öl.

Steht keine Tunkmasse (Kuvertüre) oder Fettglasurmasse zur Verfügung, kann eine einfache *Schokoladeglasur* hergestellt werden. Dazu wird zerkleinerte Schokolade mit gleicher Menge Butter erwärmt (40 Grad) und glattgerührt.

Backtemperaturen und Backregeln

Alle Temperaturen, die wir bei den Rezepten angegeben haben, sollen Ihnen als Anhaltspunkte dienen. Denn jedes Backrohr hat seine Besonderheiten, je nachdem, ob es mit Gas oder elektrisch betrieben wird; auch das Alter des Backrohrs und damit das System spielen eine Rolle.

Anheizen: Bei den meisten Backwaren nötig. Vor dem Anheizen müssen die Backbleche entfernt werden. Legen Sie das Backgut immer auf kalte Bleche, um ein vorzeitiges Austrocknen zu verhindern. Ausnahme: Windbäckerei sollte mit dem Papier auf ein heißes Blech gelegt werden.

Geschlossenes Rohr: Von Anfang an bei Germteig, Brandteig und Blätterteig. Der Dampf, der beim Backen entsteht, ist wichtig für das Aufgehen des Gebäcks.

Eingehängtes Rohr: Nicht ganz geschlossen wird das Backrohr bei Backgut, das eine glatte Oberfläche bekommen soll (Biskotten, Indianerkrapfen, Aufläufe). Schwere Tortenmassen werden bei eingehängtem Rohr angebacken und bei geschlossenem Rohr fertiggebakken. Der beim Backen entstehende Dampf würde die Oberfläche sonst reißen lassen.

Hitzeregulierung: Bei zu starker Unterhitze kann man unten ein zusätzliches Backblech einschieben. Bei zu starker Oberhitze deckt man Backwerk, das schon genügend Farbe hat, aber noch nicht ganz durchgebakken ist, mit Alufolie ab.

Backprobe, Stäbchenprobe, auch Nadelprobe: Bei größeren Backwaren mit längerer Garzeit, z. B. bei schweren Kuchen und Massen, bei Puddings und Aufläufen sowie bei Germgebäck sticht man ein Holzstäbchen oder eine Stricknadel an der dicksten Stelle ein; wenn Nadel oder Stäbchen sich trocken anfühlen und keine Reste hängenbleiben, ist das Backgut gar.

Wissenswertes von A–Z

Ausgerollter Teig: Läßt sich leicht auf das Backblech oder in die Form bringen, wenn man ihn auf den Nudelwalker (Rollholz) rollt und von dort auf dem Backblech wieder abrollt.

Ausstechformen: Sie sollen ganz sauber und trocken sein. Man kann sie auch in Mehl tauchen, allerdings verkleben sie dann leichter mit Teigresten.

Backblech: Wird vor dem Vorheizen aus dem Backrohr genommen. Um das Backgut leicht wieder lösen zu können, wird das Blech je nach Rezept entweder gefettet und bemehlt oder nur gefettet. Man kann es auch mit Pergamin, Backtrennpapier oder Alufolie belegen.

Backfett: Früher wurde meist Schmalz verwendet, jetzt meistens gehärtetes Pflanzenfett oder ein Gemisch von flüssigen und festen pflanzlichen Fetten. Das Fett soll möglichst geschmacksneutral sein und bei der Verwendung nicht rauchen. Das Backgut muß in reichlich Fett schwimmen können. Es sollen nie zu viele Stücke auf einmal eingelegt werden, da sonst die Temperatur zu stark sinkt. Das Fett hat die richtige Temperatur, wenn sich an einem eingetauchten Holzlöffel Bläschen bilden oder wenn ein Tropfen Wasser zischt. Die Temperatur sollte 160–170 Grad betragen. Zu heißes Fett ist gesundheitsschädlich und würde das Backgut zu rasch bräunen, bevor es gar ist.

Butter schaumig rühren: Sie wird dazu am besten angewärmt, so daß sie geschmeidig und leicht rührbar wird. Keinesfalls darf sie aber zur Gänze zerlassen werden. Butter erwärmt sich leichter, wenn sie auf einer groben Reibe in die Schüssel gerieben wird. Sie ist richtig schaumig, wenn am Rührlöffel kleine Spitzen hängen bleiben.

Dressieren: So nennt man das Verzieren mit einem Spritzsack mit Tülle. Das Dressiergut wird mit Druck von oben rasch aus dem Spritzbeutel gedrückt, damit es nicht warm wird. Nur kalte Creme und kaltes Schlagobers usw. lassen sich schön gleichmäßig dressieren.

Eiklar: Es ist nicht nötig, übriggebliebenes Eiklar sofort zu verwenden, da es sich in Gläsern mit Schraubverschluß im Kühlschrank sehr lange absolut frisch erhält (bis zu zwei Wochen). Außerdem läßt sich Eiklar nach einigen Tagen weit besser schlagen als ganz frisches.

Elektrische Rührgeräte: Sie sind mit den entsprechenden Vorsteckteilen für den gesamten Mehlspeisenbereich einzusetzen. Lediglich Massen, die über dem Wasserbad heiß aufgeschlagen werden, sollen mit der Handschneerute bearbeitet werden. Erst wenn die Masse vom Feuer ist, den elektrischen Helfer verwenden. Zutaten auf dem Brett werden mit der Hand verknetet.

Früchte im Teig: Rosinen und andere kleingeschnittene Zutaten versinken nicht, wenn man sie vor dem Einrühren in Mehl wälzt.

Gelatine: Die Blätter werden vor der Verwendung in kaltem Wasser eingeweicht, dann gut ausgedrückt. Sie können entweder in ganz wenig heißem Wasser oder gleich in der heißen Flüssigkeit oder Creme aufgelöst werden.

Haselnüsse: Sie werden besonders aromatisch, wenn man sie vor dem Reiben im heißen Backrohr röstet und dabei öfter rüttelt oder umrührt. Danach läßt sich auch die Haut leicht abreiben.

Kakao: Er wird beim Verrühren leicht klumpig, deshalb sollte er zuerst mit Zucker vermischt werden, bevor man ihn in eine Flüssigkeit einrührt.

Karamel: Entsteht, wenn Kristallzucker bei schwacher Hitze unter ständigem Rühren goldbraun geschmolzen wird.

Luft: Ist ein gutes Treibmittel. Deshalb werden Mehl, Staubzucker usw. vor der Verwendung immer gesiebt, damit sie aufgelockert werden.

Mandeln schälen: In kochendes Wasser geben, 2 bis 3 Minuten ziehen lassen, kalt abschrecken. Danach lassen sie sich leicht mit den Fingern aus der Schale drücken.

Mandeln reiben: Geschälte Mandeln müssen zu diesem Zweck ganz trocken sein, am besten schält man sie am Vortag oder gibt sie kurz ins warme Backrohr. Sollen sie mit der Schale verwendet werden, reibt man sie zuvor mit einem Tuch ab.

Mandeln stifteln: Blättrig schneiden oder stifteln lassen sich Mandeln am besten, solange sie noch etwas feucht sind.

Mehl: Gutes Mehl hat einen frischen Geruch und schmeckt süßlich. Es soll trocken und kühl gelagert werden. Angebrochene Packungen sollte man nach und nach aufbrauchen, da überlagertes Mehl an Backfähigkeit verliert und sich Milben bilden können.

Mehl, glatt: Für feine Mürbteige zum Ausstechen am Brett, für fettschwere Massen und Teige, Blätterteig, Palatschinkenteig, gezogenen Strudelteig.

Mehl, griffig: Findet nur bei speziellen Teigmassen Verwendung.

Mehl, gemischt: Ein Gemisch aus glattem und griffigem Mehl. Für Germteig, besonders, wenn daraus geformtes Gebäck gefertigt wird, für die meisten Kuchen- und Tortenmassen.

Mehle für Diabetiker: Sie enthalten weniger Kohlehydrate, aber mehr Eiweiß und Quellstoffe als normales Mehl. Sie sind daher im allgemeinen kräftiger und ergiebiger, was bei der Dosierung zu berücksichtigen ist. Für Teige und Massen ist deshalb auch ein Zusatz von Normalmehlen möglich, ohne den Anteil der Kohlehydrate wesentlich zu erhöhen. Auf jeden Fall sind aber ärztliche Vorschriften einzuhalten!

Mürbteig: Auch 1-2-3-Teig genannt, 1 Teil Zucker, 2 Teile Butter oder Margarine, 3 Teile Mehl als Grundrezept: 180 g Mehl, 120 g Butter, 60 g Staubzucker, Zitronenschale, 1 Pkt. Haas-Vanillinzucker, 1 Eidotter. Die gut gekühlte Butter wird auf einer Kartoffelreibe zerkleinert. Er ist ein schwerer, fettreicher Teig, der äußerst mürbe ist und vielseitig verwendet werden kann.
Bei der Verarbeitung ist es wichtig, die Zutaten möglichst rasch zusammenzukneten. Es macht nichts aus, wenn kleine Butterstückchen sichtbar bleiben. Denn wenn die Butter zu weich wird, verliert der Teig die Bindung, er »verbrennt«. Nach dem Kneten muß er zumindest eine halbe Stunde im Kühlschrank rasten.
Mürbteig soll hell gebacken werden, um keinen Röstgeschmack des Mehls aufkommen zu lassen. Man kann ihn auf Vorrat backen, da er nur wenig austrocknet.
Beim Backen wird er meist auf ein ganz schwach oder gar nicht gefettetes Backblech gelegt. Im Kühlschrank

läßt sich roher Mürbteig bis zu 8 Tagen aufbewahren, so daß es sich vielleicht lohnt, jeweils eine größere Menge zuzubereiten.

Rühren: Die Schüssel muß fest auf der Unterlage stehen, am besten auf einem feuchten Tuch. Mit einer Schneerute erzielt man in vielen Fällen bessere Ergebnisse als mit einem Kochlöffel.

Schnee schlagen: Dazu muß das Geschirr völlig sauber und fettfrei sein. Sauberes Geschirr mit kochend heißem Wasser spülen, mit kaltem Wasser nachspülen und keinesfalls mit Küchentuch auswischen – jedes Küchentuch ist fett! Beim Trennen des Eis darf kein Dotter ins Eiklar geraten. Zu frisches Eiklar läßt sich leichter schlagen, wenn man eine Prise Salz oder Zucker beigibt.

Schnee ausschlagen: In den bereits steifen Schnee wird die vorgeschriebene Zuckermenge nach und nach gründlich eingeschlagen. Die Zuckerkristalle müssen völlig aufgelöst sein.

Schnee einrühren: Zuerst wird ein kleiner Teil des ausgeschlagenen Schnees mit der Masse gut verrührt, damit diese gelockert wird. Erst dann wird der restliche Schnee vorsichtig und möglichst kurz mit der Masse zusammengerührt.

Schneerute: Unerläßlich beim Einschlagen von Mehl in Brandteig, Auflaufmassen, Puddingmassen usw., da das Mehl sonst leicht Klumpen bildet.

Schlagobers schlagen: Gut gekühltes, nicht zu frisches Obers und gekühlte Geräte verwenden. Es wird nicht wie Eischnee durchgepeitscht, sondern eher schlagend gerührt. Sobald es sich zusammenballt, nicht mehr weiterschlagen. Sollen Geschmackstoffe, wie erweichte Schokolade oder Kaffee, beigegeben werden, vermischt man sie zunächst mit ¼ des geschlagenen Obers, dann erst mit dem Rest.

Schokoladespäne: Sie lassen sich sehr leicht mit einem Kartoffelschäler vom Block abschaben.

Stürzen: Sobald das Backgut fertig ist, läßt man es bei geöffneter Tür im Rohr. Danach wird es zum Auskühlen auf ein Gitter gestürzt, dadurch kann es auch von unten ausdünsten. Auf einer Platte führt die Feuchtigkeit leicht zum Speckigwerden. Gebäck löst sich besser aus der Form, wenn man ein nasses Tuch darüberlegt.

Tiefgekühltes Obst: Als Belag von Obsttorten oder -kuchen soll es noch tiefgekühlt vor dem Backen aufgelegt werden. So verlieren die Früchte weniger Saft und bleiben vollfleischig. Solche Obstauflagen werden immer erst nach dem Backen mit Staubzucker bestreut.

Tortenformen: Sie werden nur am Boden gefettet und bemehlt oder mit Papier belegt. Wenn auch der Rand gefettet wird, rutscht der Teig nach innen ab, und die Torte bleibt sitzen oder es bildet sich in der Mitte ein Hügel.
Springformen mit Boden werden am besten nur auf einen Gitterrost gesetzt, damit sich die Hitze beim Backen gleichmäßiger verteilt. Wenn die Tortenringe verwendet werden (um mehrere Böden auf einmal zu backen), setzt man sie auf Pergamentpapier direkt aufs Blech, der Teig bäckt so gleichmäßiger durch.

Torten füllen: Dazu muß die Torte völlig ausgekühlt sein, man bäckt sie am besten am Vortag. Zum Durchschneiden dreht man die Torte in ein möglichst ruhig gehaltenes langes Tortenmesser. Oder man ritzt sie rundherum mit einem spitzen Messer ein, legt einen starken Faden rundherum, kreuzt diesen und zieht ihn langsam zusammen. Die einzelnen Tortenblätter lassen sich mit einem eingeschobenen Blatt Papier leicht abheben.

Torten portionieren: Besonders Cremetorten vorher gut kühlen. Für einen sauberen Schnitt taucht man das Messer zwischendurch in kaltes, bei Cremetorten in heißes Wasser.

Zitronen: Vor dem Auspressen legt man sie kurz in heißes Wasser und rollt sie mit etwas Druck auf einer Platte.

Zitronenschale: Nur unbehandelte Zitronen verwenden. Vorsichtig abreiben, damit die bittere weiße Haut nicht mitgerieben wird. In einem Schraubdeckelglas läßt sich geriebene Zitronenschale, vermischt mit der gleichen Menge Zucker, aufbewahren.

Zucker: Im allgemeinen wird Feinkristallzucker verwendet. Er ist leicht löslich und läßt sich sehr gut verarbeiten. Mit Kristallzucker ausgeschlagener Schnee wird steifer. Staubzucker (Puderzucker) verwendet man zu Buttercremes und zu Mürbteigen.

Inhalt

Alphabetisches Verzeichnis